GOTTESDIENST PRAXIS SERIE A

Arbeitshilfen für die Gottesdienste
zu den Sonn- und Feiertagen
des Kirchenjahres

Herausgegeben von Erhard Domay

Gütersloher Verlagshaus

GOTTESDIENST-PRAXIS

VI. Perikopenreihe

Band 4: 13. Sonntag nach Trinitatis
bis Ewigkeitssonntag

Gütersloher Verlagshaus

Die Deutsche Bibliothek - CIP-Einheitsaufnahme

Gottesdienstpraxis. - Gütersloh : Gütersloher Verl.-Haus.

Ser. A, Arbeitshilfen für die Gottesdienste zu den Sonn- und Feiertagen des Kirchenjahres.
Perikopenreihe 6. hrsg. von Erhard Domay.
NE: Domay, Erhard [Hrsg.]; Arbeitshilfen für die Gottesdienste zu den Sonn- und Feiertagen des Kirchenjahres

Bd. 4. 13. Sonntag nach Trinitatis bis Ewigkeitssonntag. - 1996
ISBN 3-579-02892-8

ISBN 3-579-02892-8

Umschlagentwurf: Franz Wöllzenmüller, Oberhaching
Umschlagbild: © Benedikt Werner Traut, 79194 Gundelfingen
Aufbruch 1977, Farbmonotypie 90 x 93 cm
Satz: Fotosetzerei Steggemann, Herford
Druck und Bindung: Ebner Ulm

Gedruckt auf chlorfrei gebleichtem Werkdruckpapier

Printed in Germany

Inhalt

Vorwort

Mit diesem letzten Teilband der Perikopenreihe VI beschließt GOTTESDIENSTPRAXIS den dritten Durchgang durch die Predigttexte des Kirchenjahres. Ich nehme dieses kleine Jubiläum zum Anlaß, den Autorinnen und Autoren der Beiträge, aber auch den vielen Leserinnen und Lesern einen sehr herzlichen Dank zu sagen. Die weitaus meisten Bearbeiterinnen und Bearbeiter sind Gemeindepfarrerinnen und Gemeindepfarrer - eine Tatsache, die ihren Beiträgen abzuspüren ist. Immer wieder beeindrucken mich die Phantasie, die Sorgfalt und das Engagement, die Sonntag für Sonntag die Verkündigungsarbeit tragen - die große Liebe zu einer Sache, die manche schon längst an den Rand des Gemeindelebens gerückt sehen. Trotz aller gesellschaftlichen Veränderungsprozesse ist der Gottesdienst für viele Menschen eine Quelle der Kraft und der Orientierung geblieben. Es ist anzunehmen, daß er als spezifisch kirchliches Angebot in einer zunehmend multireligiösen Gesellschaft immer wichtiger werden wird neben all dem, was als konkreter Dienst für Menschen in Diakonie und Seelsorge notwendig ist (und vermutlich immer notwendiger werden wird). Den Leserinnen und Lesern danke ich nicht nur dafür, daß sie GOTTESDIENSTPRAXIS über lange Zeitstrecken hinweg die Treue gehalten haben und halten, sondern auch für viel konstruktive Kritik und Anregungen aus ihren Reihen. Natürlich wünsche ich mir auch für den bevorstehenden Sechs-Jahre-Zyklus die so erfreuliche engagierte Mitarbeit beider Gruppen: derer, die die Beiträge verfassen und derer, die sie kreativ in ihre Praxis umsetzen.

Während der vergangenen Jahre hat es nur zwei in die Augen fallende Modifikationen gegeben: Ab 1990 gab es farbige Titelmotive von Benedikt Werner Traut; und ab 1994 wurden den einzelnen Bearbeitungen Annäherungen an den Predigttext vorangestellt, die von Gemeindegruppen erarbeitet wurden. Der Gottesdienst ist ja nicht nur Sache von Fachleuten, sondern Sache der Gemeinde. Die Weiterentwicklung kommunikativer Strukturen ist unaufgebbar, wenn es um die Qualität (also auch um die Konkurrenzfähigkeit!) des Angebots Gottesdienst geht. Deshalb werde ich diesen Vorspann beibehalten und die Entfaltung exegetischer und theologischer Aspekte wie gewohnt der »Exegetisch-theologischen Skizze« zuweisen, die dadurch ein besonderes Gewicht behält. Selbstverständlich wird die Gestaltung der Liturgie und der Predigt auch in Zukunft viel Raum in den Bearbeitungen beanspruchen, und die »Kontexte« werden auch

künftig weiteres Material zur Anregung und Auseinandersetzung bieten. Die Reihe kann und soll in ihrer bewährten Grundstruktur weitergeführt werden.
Ab dem ersten Band der Reihe I werden Glasfenster von Johannes Schreiter auf dem Titel erscheinen und sozusagen stellvertretend auf die ästhetische Dimension des Gottesdienstes in Kirchenräumen hinweisen. In der Entfaltung gerade dieser Dimension im umfassenden Sinn liegt, wie ich glaube, ein großes Potential an Ausdrucksmöglichkeiten, das dem Gottesdienst in Zukunft neue Freundinnen und Freunde zuführen kann.
Schließlich möchte ich auf den beiliegenden Prospekt hinweisen, der das Gesamtangebot von GOTTESDIENSTPRAXIS der Serien A und B, der LESEPREDIGTEN und der Zeitschrift für Gottesdienst und Predigt vorstellt und auch Informationen zur Preisgestaltung enthält. Alle Abonnentinnen und Abonnenten werden weiterbeliefert.

Ich wünsche allen Autorinnen und Autoren, allen Leserinnen und Lesern (und auch mir selbst als dem Herausgeber der Reihe und als Partner im Erarbeitungsprozeß), daß Verkündigung nicht nur viel Arbeit, sondern auch Freude macht!

Landau, im Sommer 1996 *Erhard Domay*

13. Sonntag nach Trinitatis

Annäherungen an den Predigttext Apostelgeschichte 6,1–7

Heidi Kell

Einzelgespräche in einer Dorfgemeinde.
Sie nahmen alle etwa folgenden Verlauf:

1. Lukas, was soll das?
So ein blöder Text! So uninteressant – wie ein Amtsschreiben abgefaßt. Muß man darüber predigen? Gut, daß es in meiner Bibel Überschriften gibt, sonst wüßte man gar nicht, worum es geht.

2. Was ist da eigentlich los?
Also, früher sollen doch alle »ein Herz und eine Seele« gewesen sein (Kap. 4), aber jetzt gibt es offenbar eine Krise. Wie es wohl dazu kam? Aber man weiß ja auch zu wenig! Wie sah denn das Gemeindeleben eigentlich aus?
Da blickt ja niemand durch:
Griechen und Hebräer gibt es da, dann die Sieben, davon einer, der zum Judentum übergetreten war (??), außerdem noch die Priester, Apostel und Brüder. Aber wer war eigentlich für welche Aufgaben zuständig, bevor es zum Streit kam? Und: Sind die Apostel etwas Besseres? Die wollen ja wohl gar nichts mehr tun!
P.S.: Was ist eigentlich aus den Witwen geworden?

3. Das ist mal wieder typisch!
Da wächst eine Gemeinschaft, und schon bilden sich Hierarchien heraus! Da wird eine Gemeinde größer – und schon wird die Arbeit geteilt in Kopfarbeit und Handarbeit, Glaube und Handeln, Verkündigung und Diakonie. Typisch Kirche!
Das drängende Problem der Witwen ist ein guter Aufhänger, wird aber schnell in den Hintergrund gedrängt. Plötzlich geht es um Posten, Macht und die »wirklich wichtigen« Aufgaben. Typisch Mann!
Um die Versorgung der Bedürftigen können wir uns nicht kümmern, das sollen andere machen! Wir gehen in die öffentlichkeitswirksame Arbeit, wir stehen im Rampenlicht und machen Karriere. Typisch Aufsteiger!
Und am Ende sind sich alle einig – ohne Diskussion und ohne Widerspruch. Typisch Sekte!

4. Das kennen wir auch!
Die Chefs haben Zeit für geistige Dinge - die Arbeit machen die Angestellten.
Der Wunsch, nicht in allen möglichen Aktivitäten und Anforderungen unterzugehen und stattdessen klare Linien zu ziehen, bedeutet dann auch, an einigen Stellen nein zu sagen. Das ist ganz schön mutig!
Um die Bedürftigen können wir uns nicht kümmern, wir haben schließlich zu predigen - das ist ganz schön dreist! Welcher Pastor oder welche Politikerin könnte sich einen solchen Satz wohl leisten?
Wir können uns nicht um alles kümmern, wir müssen sparen. So redet die Kirche jetzt auch, wenn die Steuereinnahmen sinken. Aber wo kann sie sparen, und wo darf sie es auf keinen Fall? Sind Gebäude wichtiger als Stellen und Pastorinnen wichtiger als Diakone? Was macht eigentlich Kirche aus?

Zum Gottesdienst

Dirk Keller

Exegetisch-homiletische Skizze

Noch sind keine klaren und endgültigen Entscheidungen in der »urchristlichen Szene« in Jerusalem getroffen.
(Zum Ganzen vgl. Klaus Berger, Theologiegeschichte des Urchristentums, Tübingen/Basel 1994, S. 131ff. und 140ff.).
Die Anhänger und Anhängerinnen des Jesus Christus treffen sich noch immer in den jüdischen Versammlungsorten ihrer vorchristlichen Existenz.
Die »Zwölf« um Petrus, Jakobus und Johannes etwa sind täglich zum Gebet im Tempel (Apostelgeschichte 2,46; 5,12,17). Sie sind »Hebräer«, weil sie im jüdischen Heimatland schon immer leben und wie Jesus aramäisch sprechen. Für einen »Hebräer« ist es selbstverständlich, daß im Jerusalemer Tempel gebetet wird und die Bedürftigen auch hier versorgt werden. Das bleibt auch so, wenn sich ein »Hebräer« mittlerweile der Jesusbewegung angeschlossen hat.
Gleichzeitig gibt es in Jerusalem griechischsprachige Juden, die von draußen ins jüdische Heimatland gekommen sind und sich wie vorher in der Diaspora in der Stadt in einer Synagoge treffen. Dabei gibt es in Jerusalem etliche solcher Synagogen, ohne daß sie einen gemeinsamen Dachverband gegründet hätten. Unter diesen jüdischen »Hellenisten« gibt es auch Jesusanhänger. Sie treffen sich nach ihrer Bekehrung zu Jesus weiterhin in ihrer vertrauten Synagoge.

So hat sich also weder der »hebräische« noch der »hellenistische« Teil der jüdischen Jesusbewegung verselbständigt und von der jüdischen Herkunft verabschiedet. Der im Predigttext geschilderte Konflikt ist deshalb im jeweils jüdischen Kontext zu suchen:
Die »Hellenisten« sind im Unterschied zu den »Hebräern« dem Tempel wenig verbunden. Sie können zugespitzt sagen, daß Gott nicht in ihm wohnt (Apostelgeschichte 7,48 f.). Der blutige Opferkult im Tempel kann sogar als Sünde gegen den Heiligen Geist bezeichnet werden (7,51). Es gibt also keinen Grund für einen »Hellenisten«, den Tempel aus religiösen Motiven zu besuchen.
Mit der Tempeldistanz verschränkt sich nun freilich zugleich ein sozialfürsorgerisches Problem. Weil die »Hebräer« selbstverständlich davon ausgehen, daß die Gläubigen zum Tempel kommen, versorgen sie ihre notleidenden Glaubensgeschwister natürlich auch hier. Das liegt einfach in der Logik ihrer Anschauung. Da aber nun die »Hellenisten« im Tempel nicht zwangsläufig auftauchen, haben sie auch nicht teil an der »Sozialhilfe« an diesem Ort. Die »hellenistischen« Witwen werden schlicht nicht versorgt. So »murren« sie in ihren Synagogen wie das hungrige Volk Israel in der Wüste (2. Mose 16,2).
Die »Zwölf« kommen also unter Entscheidungsdruck. Zwei Gruppen brauchen eine gemeinsame Lösung. Und sie beweisen Weisheit. Sie brechen keinen dogmatischen Streit über die christliche Bedeutung des Tempels von Jerusalem vom Zaun und beharren nicht darauf, daß sich die Gläubigen hier zu versammeln hätten. Sie beauftragen stattdessen ein »hellenistisches« Gremium mit der Versorgung seiner Witwen. Durch Gebet und Handauflegung sind sie voll akzeptierte Partner in der Jesusbewegung (6,6). Ihre »innere Berufung« und die offizielle Benennung schützen sie vor möglichen Vorwürfen und Kompetenzbestreitungen (6,3).
Von einer ersten Arbeitsteilung in Verkündigung und Diakonie kann keine Rede sein. Klar gestellt ist jetzt, daß die »Hebräer« weiterhin dem Tempel verbunden bleiben (6,4) und dort auch weiter für die Sache Jesu werben (6,7). Im Glauben an Jesus bleiben sie den »Hellenisten« geistlich verbunden.
Die »Hellenisten« haben jetzt freie Bahn, ihre Sozialfürsorge sachgerecht intern zu lösen, ohne an den Tempel gebunden zu sein. Verkündigung und Mission schließen sich nicht automatisch dadurch aus. Aus dem »hellenistischen« Kreis kommt ganz im Gegenteil einer der ersten missionierenden Blutzeugen (6,8 ff.).
So liegt die Perikope nicht ganz im Duktus des Sonntagsmottos vom »Barmherzigen Samariter«. Es geht weniger um soziales Engagement im engeren Sinne. Es geht viel mehr um die friedliche, sachgerechte Lösung von internen Konflikten in der jungen Jesusbewegung.
Da die »Gründerzeit« zu Sozialromantik und Vision von Echtheit und Ursprünglichkeit einlädt und den dargestellten Konflikt nur schwer einord-

nen läßt, schlage ich vor, die heutigen Erwartungen an die Ursprungszeit aufzunehmen und mit der Jerusalemer Zeit ins Gespräch zu bringen. Ein fiktives Gespräch zwischen einer Jerusalemer Witwe (Ruth) und einer Frau von heute (Sabine) soll zur Klärung des damaligen Problems und unserer heutigen Ursprungserwartungen führen.

Vorschläge zur Liturgie

Psalm
(Liturg/in im Wechsel mit Gemeindegesang)

Dein Wort, Gott, ist in meinem Munde süßer als Honig.
Dein Wort ist meines Fußes Leuchte
und ein Licht auf meinem Wege.
LAUDATE OMNES GENTES; LAUDATE DOMINUM ... (EG 181,6)

Deine Gerechtigkeit ist eine ewige Gerechtigkeit,
Dein Gebot ist Wahrheit. Dein Wort ist zuverlässig.
LAUDATE ...

Meine Lippen sollen Dich loben,
denn Du lehrst mich Deine Gebote.
Meine Zunge soll singen von Deinem Wort;
denn alle deine Gebote sind gerecht.
LAUDATE ...
(Psalm 119 i. A.)

Bußgebet
(Liturg/in im Wechsel mit Gemeindegesang;
Worte in Anlehnung an Psalm 119)

Gott,
ich weiß, daß Dein Urteil gerecht ist.
Deine Gnade soll mein Trost sein.
Laß mir Deine Barmherzigkeit widerfahren,
daß ich lebe.
HERR, GIB UNS DEINEN FRIEDEN ... (EG 436)

Ich bin wie ein verirrtes und verlorenes Schaf,
suche mich, Gott,
denn oft hab ich das Gute erkannt
und habe dennoch gegen Dich gehandelt.
HERR, ...

Wende Dich zu mir und sei mir gnädig,
laß kein Unrecht über mich herrschen,

denn oft hab ich nicht nach Deinem Willen gefragt,
sondern meinen Vorteil gesucht.
Alle meine Wege liegen offen vor Dir,
laß mein Klagen vor Dich kommen.
HERR, ...

Zuspruch
Gott ist freundlich, seine Güte und seine Wahrheit währen ewiglich.

Lobkanon
»Danket, danket dem Herrn ...« (EG 336)
(danach *Friedensgruß* gegenseitig mit den Worten »Friede sei mit Dir«)

Lesung
Lukas 10,25–37 (Der barmherzige Samariter)

Fürbittgebet
Nach jedem Einzelgebet singt die Gemeinde auf das Stichwort »Wir rufen zu Dir«
»Kyrie eleison« (EG 178,9)
In den Einzelgebeten werden aktuelle Spannungen aufgenommen aus Kirche und Gemeinde und in Verbindung zur Predigtidee »Ein Glaube an Jesus in vielfältiger Gestalt« gesetzt. Es geht darum, daß sich die Beteiligten jeweils gegenseitig schätzen lernen und im Glauben annehmen.
Beispiele: Traditionelle, treue Kirchgänger / Feiertagschristen; Bibelkreis / Jugenddisco; Evangelikale und Friedensbewegte; Evangelisch / Katholisch ...

Lieder
»Wohl denen, die da wandeln« (EG 295); »Brich mit den Hungrigen Dein Brot« (EG 420, Motiv Solidarität); »O Herr, mach mich zu einem Werkzeug Deines Friedens« (EG 416); »Hevenu schalom aleichem« (EG 433)

Vorschlag zur Predigt

Möglicher Anfang
Wir stehen an der Wiege unserer christlichen Bewegung. Jesus hat sich in den Himmel verabschiedet. Jetzt bauen seine Jünger Gemeinde für ihn. Wenn ich an diese »Pionierzeit« denke, krieg ich fast glasige Augen. Diese Begeisterung am Anfang. Dieser Aufbruch in eine neue Zukunft: sie teilen alles, beten ständig miteinander, sind lebendig und spontan. Sie müssen keine Kirchen renovieren und Erzieherinnen einstellen, müssen nicht auf »Weihnachtschristen« warten und Konfirmanden bändigen.

Und dann kommt die Apostelgeschichte daher und erzählt von Spannungen und Verteilungskämpfen in der jungen christlichen Gemeinde. Das kann doch nicht wahr sein! Unsre Apostel sollen schon am Anfang gescheitert sein, weil sie die Witwen schlicht haben hungern lassen!
Eine Welt bricht für mich zusammen!
Und sicher auch für manchen von Ihnen heute. Für Sie, zum Beispiel Sabine. Sie waren ganz entsetzt, als Sie von dem Streit in Jerusalem gehört haben.

Sabine kommt nach vorne

Sabine: Ja, ich kann es einfach nicht fassen, daß die Jünger von Jesus so was tun können. Da sitzen sie lieber in dem Tempel und beten und lassen die Frauen draußen hungern. Typisch Männerkirche, aber doch nicht schon am Anfang, bei den Jüngern selbst. Von denen hätt' ich doch mehr erwartet!

PfarrerIn: Nun tun wir mal einen Moment so, als ob eine der vergessenen Witwen heute morgen bei uns wär. Ruth kommt direkt aus Jerusalem, aus der Zeit, da es zu diesem Zwischenfall kommt. Und Sie, Sabine, reden einfach mal mit ihr darüber!

Ruth kommt

Ruth: Ich bin Ruth aus Jerusalem, eine der ersten Christinnen in der Stadt.

Sabine: Schön, und gleich vergessen von den prominenten Christen. Was bilden sich diese »christlichen Brüder« eigentlich ein?

Ruth: Ja, es sind »Brüder«, sie glauben wie ich an Jesus. Und ich hab mich auch geärgert über sie. Ich sitze in der Synagoge und warte aufs Essen. Aber mein Napf bleibt leer. Und das tagelang.

Sabine: Halt mal. Warum sitzt Du in der Synagoge? Die gehört doch den Juden. Und Du bist Christin!

Ruth: Ja, aber die Synagoge ist unsere Heimat. Ich bin Jüdin, bete in der Synagoge und glaube hier an Jesus. Wo soll ich sonst hin? Jesus war selbst auch hier!

Sabine: Und warum gehen die Apostel dann in den Tempel?

Ruth: Tja, jetzt wirds ernst. Die Apostel glauben wie ich an Jesus. Sie kennen ihn ja sogar persönlich. Nur, sie hängen mit Leib und Seele am Tempel. Im Tempel von Jerusalem, sagen sie, da treffen sich Gottes Leute, die Gläubigen. Und das sind jetzt die Jesusleute!

Sabine: Warum gehst Du dann nicht hin?

Ruth: Ich hab das anders gelernt. Gottes Leute sind für mich und die Jesusleute in unserer Synagoge da, wo sein Geist ist.

Zum weiteren Verlauf

Ruth erzählt weiter, daß die Apostel auch im Tempel die Witwen versorgen, weil sie es nicht anders wissen. Man kann ihnen deshalb keinen Vorwurf daraus machen, daß sie andere dabei vergessen haben. Es kommt dabei zu keiner generellen Diskussion, wer recht an Jesus glaubt, die Tempeltreuen oder die Synagogalen. Man sucht klug nach einer pragmatischen Lösung. Sabine versteht im Gespräch die Hintergründe des Problems. Es geht nicht um innere Frömmigkeit und äußeres soziales Handeln oder um Hierarchisierung in der Jesusbewegung. Die junge Bewegung versucht im gemeinsamen Glauben an Jesus, einen Konflikt pragmatisch zu lösen und die unterschiedlichen Tendenzen nicht gegenseitig auszuhebeln. Schon die »Pioniere« waren nicht eines Sinnes im Glauben und Handeln. Auch sie haben sich unterschiedlich orientiert, ohne die Gemeinschaft in Jesus aufzukündigen. Sabine spürt, daß sie zu viel in die Gründergeneration an eigenen Wünschen hineingelesen hat.

Möglicher Schluß

PfarrerIn: Sabine, Sie haben einiges erfahren von den Problemen in Jerusalem. Wie ist das jetzt mit der »Männerkirche« und den Jüngern damals?

Sabine: Ich erwarte wahrscheinlich einfach zu viel von der ersten Christengeneration. Die können damals sicher auch nicht immer ein Herz und eine Seele sein.
Aber was mich beeindruckt hat, ist, wie sie das Problem mit den Witwen gelöst haben. Sie haben kein dogmatisches Bekenntnis formuliert und sich gegenseitig den rechten Glauben ausgesprochen. Nein, sie haben einfach die Sache direkt geregelt. Weil die Apostel im Tempel nicht über ihren Schatten springen können, nehmen einfach die Betroffenen in den Synagogen die Lösung selbst in die Hand.

Ruth: Und ich bin überrascht, was Ihr alles von uns erwartet. Wir sind doch auch nicht heiliger als Ihr. Glaubt an Jesus, und alles andere regelt sich dann direkt. Machts Euch bloß nicht so schwer. Aber jetzt muß ich los, Stephanus wartet mit dem Essen auf mich.

Alle gehen zurück

Literaturhinweise

Die Predigt dialogisch anzulegen, speist sich aus Versuchen Walter Hollenwegers, der historisch-kritische Erkenntnisse verschiedentlich szenisch umgesetzt und ins Leben geholt hat (vgl. dazu Walter J. Hollenweger, Konflikt in Korinth. Memoiren eines alten Mannes; Kaiser Traktate 19, München 1978; ders., Besuch bei Lukas, Kaiser Traktate 64, München 2./1986).
Hochdifferenzierte, undogmatische historische Ergebnisse finden sich besonders fürs neutestamentliche Umfeld bei Klaus Berger, Theologiegeschichte des Urchristentums, Tübingen/Basel 1994).

14. Sonntag nach Trinitatis

Annäherungen an den Predigttext 1. Thessalonicher 5,14–24

Friedhelm Borggrefe

18 Theologiestudenten (Lutheraner, Pfingstler, Katholiken, Konfessionslose), 8 Frauen und 10 Männer zwischen 20 und 40 Jahren, November 1993, ein Wintertag, Schnee.
Ort: Flaccius-Fakultät in Zagreb/Kroatien.

»Text gibt gute Predigt.« »Er ist nicht besonders klar. Formeln am Ende des ersten paulinischen Briefes. Er sagt, was wir alles müssen.« »Unsere Übersetzung ist besonders unklar: ›Weist die Schmutzigen, die Leute, die aus der Norm herausfallen, zurecht‹, heißt es dort.« »Typischer Sektentext. Die sa·gen auch immer: Du mußt fröhlich sein, auch wenn es dir nicht so gut geht.« »Das ist eine Epistel für eine gute Gemeinde. Das sind gute Leute in Thessalonich, darum ist das nicht klar für uns.« »Das ist alles ziemlich konfus, wenn man sich das vorstellt: Das ist ein Text für Leute ohne christliche Bildung. Er ist unfruchtbar für mich. Was soll ich damit? Soviele Provokationen.«
Ein Student geht mit viel biblischem Sachverstand Vers für Vers durch und sucht Parallelen. Er stößt auf eine Formulierung: »Auf morgen nicht sorgen«, auf Zusammenhänge: Geist, Seele, Gott. Er sagt: »Dreieinheit, mit diesem Stempel haben wir es zu tun.«
Eine theologisch interessierte Krankenschwester, die in der Nuklearmedizin arbeitet, sagt: »Wir sind errettet durch den Glauben, das muß klar sein. Aber das ist auch wichtig, daß wir es jetzt gut machen, nicht bloß glauben. In Kroatien ist jetzt Krieg. Die Männer denken immer: Wenn mir einer was Schlimmes getan hat, dem muß ich das zurückgeben. Da geht es immer um so etwas wie Rache. Aber hier in dem ganzen Text wird von Liebe gesprochen. Das Böse hat viel Kraft, Elektronik und Television und alles dieses. Und in der psychischen Einsamkeit, in der sich heute viele befinden, kommen zuerst böse Phantasien und dann schlimme Sachen, ohne Kontrolle. Hier geht es um Geben, nicht um Nehmen.
Ein Student, ehemaliger Frontsoldat, findet: »Das ist überhaupt kein Wort für extreme Situationen. Das stimmt für normale Situationen. Ja, da kann es stimmen. Dann kannst du den Verdrängungsprozeß, der hier

beschrieben ist, schaffen und das Böse meiden. – Aber wie ist das mit Israel? Sie wissen es genau; sie haben die Zehn Gebote: ›Du sollst nicht töten‹. Aber dann gehen sie nach Kanaan hinein und machen ethnische Säuberung. Wie soll das gehen: Das Gute behalten und das Schlechte gestalten? Ich muß kämpfen. Als Christen brauchen wir vor dem Bösen nicht Angst zu haben. Wir können in das Böse hineingehen. Das läßt sich aber nicht beseitigen. Das ist da, aber du kannst es verändern, sogar integrieren kannst du das. Das ist der dunkle Bruder in uns, mit dem müssen wir fertig werden.«
Eine junge Frau protestiert: »Ich kann damit überhaupt nicht übereinstimmen. Hier werden wir erinnert: Wir können immer Liebe fühlen. Jesus will Liebe zwischen allen Menschen, nichts sonst. Diese vielen Imperative wollen diesen Gedanken focussieren: Die Liebe. Wir sollen uns nicht nur über materielle Sachen freuen, sondern haben die Kraft, auch im Leiden fröhlich zu sein. Und das Gebet gehört zu allem, wie das Atmen. Bei Hiob können wir lernen, was gemeint ist. Wir können jeden Tag wachsen; wir brauchen nicht zu verkümmern. Ja, Christen haben keine Angst vor dem Bösen. Aber wir dürfen uns nicht von dem Bösen provozieren lassen. Wir müssen auf dem Wege bleiben.« (Vers 24).
Beim Versuch, zusammenzufassen, kam es zu folgenden Formulierungen:
1. God is creating us in holiness; he declines us a) to God b) towards the people. (Eine norwegische Studentin)
2. Es geht um die erste Liebe, sie entwickelt sich, wenn das Gebet immer neu Verbindung mit Gott bewirkt (Vers 17).
3. Es kommt für mich zu einer moralischen Erkenntnis (Vers 22). Wir müssen begreifen: Zeit ist böse Zeit, ohne dieses Wissen können Seele und Geist nicht erlöst werden. Das möchte ich im Blick auf Politik, Religion und Nationalismus bei uns entwickeln.

Zum Gottesdienst

Bernd Giehl

Exegetisch-homiletische Skizze

Ein Text wie der Punkt »Verschiedenes« auf einer Kirchenvorstandssitzung. Auch nach mehrmaligem Lesen fällt mir nicht mehr dazu ein. »Was ich noch zu sagen hätte / dauert eine Zigarette / und ein letztes Glas im Stehn.« (Reinhard Mey) Schön wär's ja. Nur daß der Punkt sich meistens in die Länge zieht. Beibt überhaupt etwas haften? Ja, die Frage: Wie predige ich diesen Text einer Gemeinde?

Tröstlich, daß es der Gruppe der 18 Theologiestudenten (siehe »Annäherungen«) nicht anders gegangen ist. Auch sie scheint zunächst ja einige Schwierigkeiten gehabt zu haben, diesen Text in ihrer Realität festzumachen. Um so bemerkenswerter, daß es ihnen schließlich doch gelingt.
Aber auch die Exegeten bedürfen einigen Scharfsinns, um dieser mehr oder weniger zufälligen Zusammenballung von kurzen Ermahnungen, die selbst bei ihnen »den Eindruck traditioneller, allgemeiner Redeweise erwecken« (so Traugott Holtz im »Evangelisch Katholischen Kommentar«, S. 251) doch noch einen konkreten Ort in der Gemeinde von Thessalonich zuzuweisen. Wer sind zum Beispiel die »Unordentlichen« aus Vers 14? Holtz denkt an »Enthusiasten«, die angesichts der nahegeglaubten Parusie ihre Arbeitsplätze verließen und sich nicht mehr ums Geldverdienen scherten. (A.a.O. S. 252) Bei den »Kleinmütigen« reflektiert G. Friedrich (»Die Briefe an die Galater, Epheser, Philipper, Kolosser, Thessalonicher und Philemon« von J. Becker, H. Conzelmann, G. Friedrich NTD 8) auf Menschen, die »wegen der Verstorbenen betrübt« oder die »bei den Verfolgungen schwankend geworden« sind (a.a.O. S. 248, ähnlich Marxsen in den »Zürcher Bibelkommentaren«), während Holtz dem widerspricht, selbst aber keinen Vorschlag machen kann.
Die »Schwachen« können einerseits die sein, die auch sonst bei Paulus die Schwachen genannt werden (vgl. Römer 14,1ff.), oder aber sie sind identisch mit den Kleinmütigen (so Friedrich und Marxsen, während Holtz vor allem an die Ängstlichen denkt, die an bestimmten Speisegeboten festhalten). Die Mahnung Böses nicht mit Bösem zu vergelten, öffnet den Blick über die Gemeinde hinaus, ist aber natürlich auch schon durch die Ermahnung zur Langmut in den Blick geraten.
In den Versen 15–18 geht es dann zum einen um das Zusammenleben miteinander, zum anderen um das Verhältnis zu Gott. Die Imperative in den Versen 16–18 »sind zwar relativ lose aneinandergefügt, dennoch insofern aufeinander bezogen, als sie mit den Motiven Freude, Gebet und Danksagung auf Aspekte hinweisen, die in einer ›heilen‹ Gemeinde gelebt werden« (Marxsen, S. 72) Das »Betet unablässig! Sagt Dank bei allem!« erklärt Holtz sehr schön mit den Worten: »Gerufen ist zu einem Leben in steter Zuwendung zu Gott, die alles von ihm erbittet und erwartet und für alles ihm dankt.« (a.a.O. S. 257) Die Freude erwachse aus der eschatologischen Bestimmung der Christen; sie ist Gabe und Aufgabe zugleich. Nur so sei der »sachlich paradoxe Imperativ« »Freut euch!« zu erklären (ebd).
In den Versen 19–22 setzt Paulus noch einmal ein Gegengewicht gegen Äußerungen, die er an früheren Stellen gemacht hat, und die womöglich allzu antienthusiastisch zu verstehen waren. Auch wenn manche Äußerungen des Geistbesitzes in ihrer Umwelt fremd wirken (z.B.: Glossolalie) interpretiert Holtz, solle man solche Äußerungen dennoch nicht unterdrücken (a.a.O. S. 259). In V. 19 geht es wahrscheinlich nicht darum, daß das Amt des Propheten in Frage stand, wohl aber einzelne Prophezei-

ungen. Die Gemeinde soll sie durch den Geist, den sie von Gott empfangen hat, prüfen. Dann wird sie erfahren, welche Prophezeiung wirklich von Gott kommt.
Schließlich und endlich münden all diese Imperative in den VV. 23–24 in ein Gebet, das zum einen alles von Paulus für die Gemeinde Gewünschte im Begriff des »Friedens« (im Sinne von »Schalom«) zusammenfaßt und zum anderen betont, daß es im Letzten Gott ist, der das Gute in den Menschen bewirkt. Wiederum formuliert Holtz die Spannung von Imperativ und Indikativ, die hier erzeugt wird, sehr schön, wenn er sagt: »Der Anspruch an die Gemeinde ist dadurch nicht aufgehoben, aber er wird hineingehoben in das umfangende Werk Gottes, das erst dem Tun der Gemeinde den Raum gibt.« (a.a.O. S. 264)
Der Eindruck, den ich am Anfang formulierte, dieser Text erinnere an den Punkt »Verschiedenes« bei einer Kirchenvorstandssitzung, war also gar nicht so falsch. Allerdings muß ich jetzt ergänzen: Hier wird – in ungeheurer Kürze – so etwas wie ein Katechismus des christlichen Lebens formuliert. Und zwar, wie es Peter Kreyssig in den »Predigtstudien« von 1990 formuliert, eines »Lebens im Licht der neuen Schöpfung, auf das Kommen des Christus zuwachsenden Lebens.« Und er fügt hinzu: »Wenn unsere Perikope von dieser theologischen Fundierung abgeschnitten bleibt, wird sie vermutlich schon beim ersten Hören als christliches Ethikprogramm mißverstanden werden.« (a.a.O. S. 196)
Wenn dem aber so ist, dann ist dieser Text nicht als Ganzes zu predigen, sondern man muß sich für einen seiner Teile entscheiden. Entweder also für das Thema von VV. 14–15 »Das Zusammenleben in der Gemeinde« oder für »Das Leben der Christen vor Gott« (VV. 16–18) oder schließlich über den Zusammenhang zwischen unserem und Gottes Tun (VV. 23–24).
Ich persönlich würde bei einer Predigt über diesen Text nach dem Zentrum suchen, aus dem all diese einzelnen Forderungen entspringen. Dieses Zentrum scheint mir der paulinische Begriff des »Lebens in Christus« zu sein, bzw. die nahe geglaubte Wiederkunft Christi, um die es vor allem im ersten Teil des Kapitels geht, dem auch unser Predigttext entnommen ist. Dementsprechend wird der Tenor der Predigt lauten: »Christen leben in einer neuen Realität.«

Vorschläge zur Liturgie

Lieder
EG 302 »Du meine Seele singe«, EG 268 »Strahlen brechen viele …«, EG 621 »Ins Wasser fällt ein Stein«, EG 614 »Laß uns in deinem Namen, Herr«.

Kollektengebet
Du, Gott, komm uns entgegen
mit deiner Weisheit, deiner Liebe und Kraft.
Umfange uns mit deiner Güte
und laß uns begreifen, wovon wir leben
jeden Tag aufs Neue.

Schlußgebet
Zeugen wollen wir sein, Herr
Zeugen für deine kommende Welt
nicht daß wir sie vorwegnehmen wollten -
das können wir ja gar nicht
aber doch so, daß wir
mit unserem ganzen Leben
mit allem was wir tun und lassen
hinweisen auf dein kommendes Reich.
Wir bitten dich: laß unser Leben
eine Spur des Lichts ziehen
laß es einen Abglanz sein von dem
was Jesus den Menschen gebracht hat.

Segen (in Anlehnung an Vers 24)
Der Gott des Friedens heilige uns
daß wir seinen Willen tun
er bewahre uns
- Körper, Seele und Geist -
damit wir nicht straucheln und fallen
er richte uns wieder auf
nach dem Sturz
und schenke uns neue Hoffnung
ins ewige Leben.

Vorschlag zur Predigt

Möglicher Anfang
Herbstsynode des Dekanats W ... Hauptthema des Abends: die Streichung des Buß- und Bettags durch die Hessische Landesregierung zur Einführung der Pflegeversicherung. Die Synodalen haben engagiert über die Frage diskutiert, ob man etwas gegen die Streichung dieses Feiertags unternehmen könne und wenn ja, was. Später müssen auch noch andere Fragen verhandelt werden. Unerbittlich rücken die Zeiger der Uhr vor. 21 Uhr, 21.30 Uhr, 22 Uhr. Der Präses ruft den vorletzten Punkt der Tagesordnung auf: »Bericht aus den Ausschüssen«. Ob man sich den nicht schenken könnte?

Aber nein, schon geht eine Frau nach vorne und berichtet aus dem Friedensausschuß, der über die Möglichkeit beraten habe, die freiwerdenden Kasernen der US-Army für dringend benötigten Wohnraum ... Und der Umweltausschuß hat über die Einsparungsmöglichkeiten von Energie in den Gemeindehäusern beraten, was er auch schon im vorigen Jahr getan hatte. Auch der Ausschuß für Kirchenmusik ist bei der Anschaffung der Dekanatstruhenorgel noch nicht weitergekommen. Der Mann aus dem Ausschuß für Mission und Ökumene geht jetzt ans Mikrophon und berichtet, er habe nichts mitzuteilen, da man sich seit der Frühjahrssynode noch nicht wieder zusammengesetzt habe ...
22.30 Uhr. Die Synode eilt ihrem Ende entgegen. Wir berichten weiter.

Zum weiteren Verlauf
Nehmen wir einmal an, in etwa 500 Jahren wären die Christen nur noch eine kleine Minderheit, und nun würde ein Historiker, der sich mit der Geschichte der verfaßten Kirchen im 20. Jahrhundert befaßt, auf unser Synodenprotokoll stoßen. Ob er nur den Kopf schütteln würde über diesen Wust an Kleinkram? Oder ob er womöglich nach dem Zentrum fragen würde, aus dem alles erwächst?
In einer ähnlichen Lage wie mein Historiker aus der Zukunft befinden auch wir uns gegenüber diesem Text. Wenn wir ihn nicht als eine maßlose Überforderung der Christen verstehen, ihn nicht als eine Anweisung für Heilige predigen wollen, müssen wir nach seinem Zentrum suchen. Dieses Zentrum scheint mir in den letzten Sätzen unseres Textes zu liegen: »Er aber, der Gott des Friedens, heilige euch durch und durch und bewahre euren Geist, samt Seele und Leib unversehrt, untadelig für die Ankunft unseres Herrn Jesus Christus. Treu ist er, der euch ruft; er wirds auch tun.«
Was Paulus meint: Mit Tod und Auferstehung Jesu ist eine neue Realität angebrochen. Leben wie Gott es einmal gewollt hat, ist möglich geworden. Leben aus der Kraft und der Wahrheit, Leben in der Gemeinschaft, wo einer die Last des Anderen mitträgt, und wo keiner mehr Angst haben muß vor dem Anderen.
Ein spannendes Thema, wahrhaftig. Erfahren wir etwas von dieser Realität, die Paulus das »neue Leben« nennt? Erfahren wir etwas von einer lebendigen Gemeinschaft, von Menschen, die vergeben können, vom fairen Austragen von Konflikten, die es ja auch unter Christen immer wieder gibt? Oder geht es in den Gemeinden auch nicht anders zu als in der Welt im Großen, wo immer wieder offene Rechnungen beglichen werden und wo es häufig darum geht, wer am Ende recht behält, statt darum, was in einer bestimmten Situation das Richtige wäre?
Nun fürchte ich, es wird in anderen Gemeinden auch nicht anders zugehen als in denen, die ich kennengelernt habe. Überall wird es Menschen geben, die einen etwas von diesem »neuen Leben«, vom Geist Jesu spüren lassen

und andere, bei denen man nichts, aber auch gar nichts spürt. Und manchmal braucht man schon eine gehörige Portion an Wohlwollen, damit man sagen kann: hier ist (noch) etwas vom Geist Jesu zu finden.
Genau hier liegt nun auch das Problem mit Texten wie diesem. Man kann sie leicht als Überforderung hören. So als müßten die, die sich sowieso schon darum bemühen, im Sinne Jesu zu leben, sich noch mehr anstrengen. Noch mehr Engagement zeigen, als sie es ohnehin schon tun. Aber darum kann es doch wohl nicht gehen. Die Gemeinde in Thessalonich stand vermutlich nicht in der Gefahr, die Worte des Paulus so zu hören. Schließlich hat der Apostel sie ja in den vorangegangenen Kapiteln ausdrücklich gelobt. Sein Verhältnis zu dieser noch jungen Gemeinde ist ganz ungetrübt. Hier ist - so sieht es jedenfalls Paulus - etwas vom Geist Jesu, von seinem Eintreten für die Schwachen lebendig.
Je nach Gemeindesituation kann man nun Beispiele für diesen »neuen Geist« bringen. Man kann von Menschen oder von Gruppen erzählen, die sich für andere einsetzen. Vom Arbeitskreis Asyl vielleicht oder der amnesty Gruppe oder von noch etwas ganz anderem. Dabei möchte ich jedoch nicht aus dem Blick verlieren, daß dies nichts anderes ist als ein zeichenhaftes Engagement aus der Hoffnung, daß Gott eines Tages die Welt von Grund auf verwandeln und neu machen wird.

Möglicher Schluß
Christen sind sozusagen Bewohner zweier Welten. Einerseits leben sie in der vorfindlichen Welt mit all ihren Konflikten und Schwierigkeiten. In ihr haben sie sich zu bewähren als Ehefrauen und Ehemänner, als Singles, als Bürokaufleute, Lehrer oder Handwerker. In ihr können sie - im Rahmen ihrer Möglichkeiten dazu beitragen, daß diese Welt ein bißchen wohnlicher wird, daß Menschen in ihr leben und sich in ihr wohlfühlen können. Zugleich aber glauben sie daran, daß Gott sie nicht lassen wird, wie sie ist, sondern daß er sie verwandeln wird in einen Ort, wo es keinen Schmerz, keine Krankheit und keinen Tod mehr geben wird. Aus dieser Hoffnung heraus leben sie. Sie ist die Antriebsfeder all ihres Tuns. So setzen sie sich ein für das, was nötig ist. Oft genug, ohne dafür viel Dank zu erwarten, oder ihn auch nur zu bekommen. Ich kenne eine Frau, sie ist jetzt Anfang Sechzig, die kümmert sich aufopfernd um die Gebrechlichen in der Gemeinde. Sie besucht sie, hilft ihnen bei Formularen, die sie nicht mehr verstehen und fährt auch noch von einem Ende der Stadt zum anderen, um die zu besuchen, die jetzt im Altersheim sind. Wenn man sie fragen würde, warum sie das tut, dann wüßte sie wahrscheinlich gar keine Antwort. Oder vielleicht würde sie schlicht sagen: Irgendjemand muß es doch tun.
Aber auch wenn sie es selbst nicht weiß, möchte ich doch behaupten: Menschen wie sie sind ein Zeichen für die neue Welt, die Gott schaffen wird.

Kontexte

Zum Thema »Leben im Licht der neuen Schöpfung Gottes« zwei Texte von zeitgenössischen Autoren, Tschingis Aitmatov und Lilly Ronchetti.
Tschingis Aitmatov beschreibt in seinem Roman »Der weiße Dampfer« das Leben eines achtjährigen Jungen in der kirgischen Steppe. Dieser sehr sensible und verträumte Junge lebt zusammen mit seinem Großvater Momun bei seinem Onkel Oroskul. Vom Vater weiß er nur, daß der einmal Matrose auf dem Issyk-Kul See war, und von der Mutter wird überhaupt nichts erzählt. Der Onkel ist ein harter Mann, der nur an sich denkt; der Großvater ist - außer der Lehrerin - der einzige Mensch, zu dem der Junge Vertrauen hat.
In der nun folgenden Szene sind Oroskul und Momun gerade dabei, einen Baumstamm, den sie im Wald gefällt haben, durch die Furt zu ziehen, da fällt Momun brennend heiß ein, daß er schon längst den Jungen von der weit entfernten Schule hätte abholen müssen. Mitten in der Furt bleibt der Baumstamm stecken. Es kommt zum Streit zwischen Oroskul und Momun, weil Momun das Pferd ausspannt und zuerst den Jungen abholen will. Oroskul denkt zuerst an den Ertrag, den der Stamm ihm einbringen wird; die Gefühle des Jungen sind ihm unwichtig. Als Momun sich durch nichts von seinem Vorhaben abbringen läßt, schlägt Oroskul seinen Schwiegervater mit dessen eigenen Stiefeln ins Gesicht. Aber Momun reitet trotz allem dem Enkel entgegen.
»Unterdessen galoppierte der alte Momun auf Alabasch zu seinem Enkel. Alabasch war ein schnelles Pferd. Trotzdem kam Momun über zwei Stunden zu spät. Er traf den Enkel unterwegs. Die Lehrerin brachte ihn nach Hause. Es war die Lehrerin mit den wettergebräunten, spröden Händen und dem unvermeidlichen Mantel, den sie das fünfte Jahr trug. Die müde Frau machte einen mürrischen Eindruck. Der Junge, der sich längst ausgeweint hatte, ging mit verschwollenen Augen kläglich und gedemütigt mit seiner Tasche in der Hand neben ihr her. Sie las dem alten Momun gehörig die Leviten. Er war abgesessen und stand mit gesenktem Kopf vor ihr.
»Bringen Sie das Kind nicht in die Schule«, sagte sie, »wenn Sie es nicht rechtzeitig abholen. Rechnen Sie nicht mit mir, ich hab selbst vier Kinder.«
Wieder entschuldige sich Momun, wieder versprach er, daß sich das nie wiederholen würde. Die Lehrerin kehrte nach Dshelessai zurück, der Großvater machte sich mit dem Enkel auf den Heimweg.
Der Junge saß vor ihm auf dem Pferd und schwieg. Der Alte wußte nicht, was er ihm sagen sollte.
»Bist du sehr hungrig?« fragte er.
»Nein, die Lehrerin hat mir Brot gegeben«, erwiderte der Enkel.
»Warum bist du dann so schweigsam?«
Der Junge sagte nichts.
Momun lächelte schuldbewußt.
»Du bist mir aber empfindlich.« Er nahm dem Jungen die Mütze ab, küßte ihn auf den Scheitel und setzte ihm die Mütze wieder auf.
Der Junge drehte sich nicht um.
So ritten sie bedrückt und schweigsam.
(...)
Während der alte Momun auf den kurzgeschorenen Hinterkopf, den dünnen Hals und die abstehenden Ohren des Enkels schaute, dachte er auch daran, daß ihm von seinem ganzen unglücklichen Leben, von all seiner Arbeit und Mühe, von all den Sorgen und Plagen nur dieses Kind, dieses noch hilflose Wesen geblieben war.

Schön, wenn er es noch auf eigene Füße stellen könnte. Blieb der Junge allein, würde er es schwer haben. War kaum größer als ein Maiskolben und hatte schon seinen eigenen Charakter. Er müßte einfacher sein, herzlicher ... Solche wie Oroskul würden ihn hassen und zerfleischen wie die Wölfe einen gehetzten Hirsch ...
Und da erinnerte sich Momun an die Marale, die wie schnelle, ungestüme Schatten an ihm vorbeigehuscht waren und ihm einen Ausruf der Verwunderung und der Freude entlockt hatten.
»Weißt du, mein Junge, Marale sind zu uns gekommen«, sagte er.
Der Junge drehte sich lebhaft um.
»Wirklich?«
»Wirklich. Ich hab sie selbst gesehen. Drei Stück.«
(aus: Tschingis Aitmatov, Der weiße Dampfer, st 51, © Suhrkamp Verlag Frankfurt am Main 1972, S. 92 ff.)

»Paris - Châtelet
Abend für Abend / an derselben Stelle / als hättest du nie dich / verändert / grau dein Gesicht / oder ist es nur blaß / wie die Wände / beschrieben wie sie / aus dem Gewebe des Lebens / mit Schriftzügen kalt / und verwirrt / Nichts ist zärtlich an dir / Dein Hals sitzt verstockt / auf der Schulter / die Beine gestreckt / steif wie achtlos / weggeworfenes Holz / deine Lider gesenkt / ein Pfeil aus Angst / in Richtung zum Boden / wo der Karton bettelt / um Nachsicht / un franc ou deux / s'il vous plaît / Die Buchstaben / ungelenk / schwarz / schreien den eiligen Schritten / ›Hunger‹ / zu.«
(aus: Lilly Ronchetti, Lichtfall. Gedichte. edition Fischer im R. G. Fischer Verlag, Frankfurt 1994)

15. Sonntag nach Trinitatis

Annäherungen an den Predigttext 1. Mose 2,4b-9 (10-14) 15

Ulf Schlüter

Die Aussagen, Assoziationen und Gedanken stammen aus einem »Biblischen Gespräch« mit einer Gruppe von 10 Erwachsenen im Alter zwischen 30 und 71 Jahren.

»Natürlich kenne ich die Geschichte, aber immer, wenn ich sie höre, habe ich die andere im Kopf, in der die Erde in sieben Tagen geschaffen wird.«
»Warum endet der Textabschnitt, bevor Gott den Menschen direkt anspricht und bevor Gott die Frau erschafft? Was soll das?«
»Wenn Sie die Verse 10-14 auch vorlesen, verstehen alle nur Bahnhof. Bevor jemand einschläft, würde ich sie lieber weglassen. Außerdem lenken sie von dem wichtigen letzten Vers ab, den überhört man dann.«
»Das ist wieder ein Text, mit dem unsere Konfirmanden nichts anfangen können. Die wissen doch, daß die Erde, die Tiere und die Menschen nacheinander entstanden sind und sich entwickelt haben, daß der Mensch vom Affen abstammt. Die werden gleich abschalten und das ganze für ein frommes, altes Märchen halten.«
»Daß Gott den Menschen hier aus Erde macht, erinnert mich an das, was bei der Beerdigung am Grab gesagt wird: Erde zu Erde, Asche zu Asche, Staub zu Staub.«
»Hier wird deutlich, daß der Körper des Menschen alleine nicht genügt, um von menschlichem Leben sprechen zu können. Erst muß der Mensch den Lebensgeist eingeblasen bekommen. Ich finde das wichtig für die Auseinandersetzung um Schwangerschaftsabbrüche und den Paragraphen 218. Soweit ich weiß, gibt es islamische Staaten, die eine Fristenlösung damit begründen, daß der Embryo erst nach drei Monaten den Lebensgeist eingeblasen bekommt.«
»Für mich ist sehr wichtig, daß der Mensch gleich zu Beginn von Gott den Geist eingeblasen bekommt. Da kann doch eigentlich keine Rede davon sein, der Mensch sei von Natur aus böse oder verdorben, wie es früher oft die Pfarrer und die Kirche gesagt haben.«
»Der Mensch ist am Anfang erst einmal völlig passiv, wie eine Marionette. Er wird gemacht, bekommt etwas eingeblasen, wird in den Garten Eden

gesetzt; und erst dann, im allerletzten Halbvers, wird deutlich, daß er eine eigene Aufgabe bekommen soll.«

»Mir ist früher nie aufgefallen, daß Gott mehrere Bäume in den Garten Eden pflanzt. Weil es in der Geschichte vom Sündenfall nur um den Baum der Erkenntnis des Guten und des Bösen geht, übersieht man leicht, daß es noch einen Baum des Lebens und viele andere Bäume als Nahrungsmittel gibt.«

»Wenn schon hier, ganz am Anfang, unmittelbar nach der Erschaffung des Menschen, von der Erkenntnis des Guten und des Bösen die Rede ist, heißt das dann, daß beides, das Gute und das Böse, von vornherin in der Schöpfung vorgesehen und angelegt ist? Warum bringen wir Gott dann immer nur mit dem Guten in Verbindung?«

»In der Überschrift heißt es zwar: ›Das Paradies‹. Aber es ist nicht das gemeint, was wir uns manchmal als Schlaraffenland vorstellen. Daß man nur irgendwo herumliegen und darauf warten muß, daß einem die gebratenen Hühnchen ins Maul fliegen. Hier ist gleich am Anfang davon die Rede, daß der Mensch zu arbeiten hat: Er muß den Garten bebauen und bewahren. Dafür lebt er überhaupt nur.«

»Das mit dem Bebauen haben wir geschafft, und zwar gründlich. Mit dem Bewahren sieht's allerdings schon schlechter aus.«

»Was heißt denn hier überhaupt bewahren? Schließlich ist jedes Bebauen auch eine Veränderung gegenüber dem Ursprünglichen. Wenn ich in meinem eigenen Garten anfange, etwas zu pflanzen oder auszugraben, verändere ich doch auch etwas, der Garten sieht hinterher anders aus, es wachsen andere Pflanzen, vielleicht muß ich alte Pfanzen dabei zerstören, zumindest das Unkraut jäten. Wo fängt das Bewahren an, wo hört das Bebauen auf?«

»Tatsache ist doch, daß der Mensch die Erde nicht mehr bebaut, sondern für seine Zwecke ausbeutet. Wenn ich einen Garten bebaue, sorge ich dafür, daß der Garten insgesamt sich immer wieder erneuern kann. Er bleibt dabei immer im Gleichgewicht, einiges vergeht, anderes wächst neu. Was die Menschheit mit der Erde tut, ist etwas ganz anderes. Wir saugen die Lebenskraft aus ihr bis auf das Letzte. Alle Rohstoffe werden aufgebraucht, die Böden ausgelaugt und vergiftet, die Gewässer verschmutzt. Das hat nichts mit Bebauen zu tun - und erst recht nichts mit Bewahren.«

»Der Mensch ist die Dornenkrone der Schöpfung.«
(Stanislaw Jerzy Lec)

»Immer wird gesagt: Wir brauchen mehr Wirtschaftswachstum, damit mehr Leute Arbeit haben. Im Klartext heißt das: Wir müssen die Erde noch mehr in die Mangel nehmen. Daß sich das rächt, merken wir doch längst: Wir haben soviel von der Erde zugebaut, daß Flüsse über die Ufer treten, daß Tiere und Pflanzen keinen Platz mehr haben. Wir bewahren nicht, wir sägen am eigenen Ast.«

»Die Geschichte macht deutlich, daß der Mensch direkt aus der Natur, von der Erde stammt, vom Acker, wie der Text sagt. Wenn wir uns öfter mal daran erinnerten, daß wir selbst ein Teil der Natur sind, könnten wir nicht so mit ihr umgehen, als gehörte sie uns.«

Aus dem BROCKHAUS:
»Mensch [ahd. mannisco, eigtl. ›der Männliche‹, zu Mann] der, Biologie: das Lebewesen mit dem am höchsten entwickelten Gehirn ... Philosophie. Die Frage nach der Stellung des M. in bezug auf das Tierreich, das Weltganze, den Kosmos und die göttl. Mächte ist wesentl. Antrieb aller philosoph. Bemühungen seit deren Anfängen ... Religionsgeschichte. In allen Religionen nimmt der Mensch gegenüber allen anderen Lebewesen eine besondere Stellung ein ...«

Zum Gottesdienst

Wolfhart Koeppen

Exegetisch-homiletische Skizze

Warum stirbt der Mensch? Was macht ihn lebendig? Wozu ist er da? Solche elementaren Fragen sind es, die unseren Abschnitt bewegen und auf die er eine Antwort versucht. Der ätiologische Charakter der Erzählung will also beachtet sein. Wer keine Fragen (mehr) stellt, nach dem eigenen Leben, nach der Welt, nach Gott; wer sich nicht in Frage gestellt sieht durch das Rätsel des Todes, nicht mehr umgetrieben ist von der Suche nach Zweck und Ziel der eigenen irdischen Existenz, wer nicht mehr zu staunen vermag über das Wunder des Lebens, sondern mit den Denkmustern und Lebensdeutungen, wie sie Bewußtseins- und Unterhaltungsindustrie anbieten, schon genug hat, wird in der Tat »gleich abschalten und das ganze für ein frommes, altes Märchen halten« (siehe »Annäherungen«).
1. Freilich: Sind die Fragen von damals überhaupt noch die unseren? Dies wäre doch die Voraussetzung dafür, die eigene Lebenswelt in der Geschichte von damals gespiegelt zu finden. »Die staunende Entdeckung des durch Bewässerung fruchtbaren Landes als Lebensraum« (H. Strauß zSt, in: GDP-Exegesen VI/4, 1989, 153) liegt jedoch, wie es scheint, dem Nordeuropäer des ausgehenden 20. Jahrhunderts ebenso fern wie das Bestreben, den Menschen »innerhalb seiner konkret benennbaren Umwelt zu erkennen und auch seine Grenzen im Zusammenhang mit seiner Gottesbeziehung zu schildern« (ebd. 151). Elementare Fragen entzünden sich an unmittelbar erfahrbaren Grenzen. Unsere auf Naturbeherrschung

gegründete Industrie- und Kommunikationsgesellschaft hingegen hat sich mit High Tech und elektronischen Systemen längst eine zweite, sekundäre Natur als künstlichen Lebensraum geschaffen und schickt sich nunmehr an, auch die Ebene individueller Wirklichkeitserfahrung und -wahrnehmung zu besetzen. »Virtual reality« und »Cyberspace« heißen die Zauberworte dieser Zukunft, die schon begonnen hat: ein gigantischer Markt der Möglichkeiten, ein künstlicher, alle Lebensbereiche und alle Sinne ergreifender Lebensraum, neben dem sich ein Garten Eden geradezu als romantisch-nostalgische Erinnerung ausnimmt. Und an die Stelle der die überschaubare Erde wie Lebensadern speisenden Paradiesströme sind längst - wie ein Fangnetz ausgeworfen - die Datenautobahnen getreten: nicht mehr Zeugnis der überquellenden Segensfülle des Schöpfers, sondern der alles den Gesetzen des Marktes unterwerfenden Expansionskraft des Menschen - genauer: der marktbeherrschenden Eliten.
2. Diese unsere »schöne neue Welt« (A. Huxley) gründet im Zusammenspiel zweier Faktoren. Da ist zum einen - auf der objektiven Ebene - der technologische Fortschritt, der längst sein ursprüngliches Pathos, nämlich Leben zu erleichtern und zu sichern, hinter sich gelassen hat. Ob (nur als Stichworte) Gentechnologie, Transplantationschirurgie oder Atomenergie - im Kern geht es um den immer weiter vorangetriebenen Versuch einer Überwindung der Erdenschwere, der individuellen und kollektiven Vergänglichkeit. - Die Veränderungen auf der subjektiven und intersubjektiven Ebene lassen sich mit dem Stichwort »Erlebnisgesellschaft« (G. Schulze) andeuten: Eine Intensivierung des Lebens und eine Transzendierung seiner Grenzen (Zeit!) wird auf dem Wege einer Steigerung der Erlebnismöglichkeiten gesucht; ein gigantisches Unterhaltungsangebot macht das auf die vermeintlichen Höhepunkte zielende »Hopping« zum herrschenden Lebensstil. Nur Lust ist Leben, und nur das inszenierte Erlebnis zählt.
3. Angesichts solcher Anstrengungen zur Weltbewältigung und Lebenssteigerung gewinnt die ökologische Anthropologie von Gen 2 auf überraschende Weise Profil und Aktualität - als kritisches Potential, nicht nur als mythologisch-nostalgische Erinnerung. Der Mensch, von Erde genommen, der Erde verhaftet, ist und bleibt der Vergänglichkeit preisgegeben: Sie ist also keine von vornherein lebensfeindliche, immer weiter hinauszuschiebende oder gar (zumindest tendenziell) aufzuhebende Grenze, sondern gehört essentiell zur condition humaine, ist zugleich Beschränkung und Bedingung geschöpflichen Lebens. Das dem Text zugrunde liegende Wortspiel unterstreicht dies. »Die schöpfungsmäßige Lebensverbundenheit zwischen Mensch und Erde kommt durch die Verwendung der hebräischen Worte adam und adama besonders zwingend zum Ausdruck« (G. v. Rad, Das erste Buch Mose, ATD 1, Göttingen 1961, 61). Nicht die Grenzenlosigkeit, sondern gerade die »Abhängigkeit von dem Geist Gottes und das Angewiesensein auf ihn« (G. Ebeling, Dogmatik III, Tübingen

1979, 85) macht geschöpfliches Dasein zu einem wahrhaft menschlichen Leben. »Erst der sich mit dem Körper verbindende ... göttliche Lebensodem macht den Menschen zu einem ›Lebewesen‹ sowohl nach der Seite des Physischen wie des Psychischen hin« (v. Rad 61f.). Indem sich Gott als Schöpfer Geist mit dem Menschen verbindet, verbündet er sich mit ihm gegen die Angst, zu kurz zu kommen, befreit er ihn von der Suggestion der Erlebnisgesellschaft, Leben sei mittels selbst inszenierter Höhepunkte gleichsam herstellbar. »Nichts anderes als die Gegenwart Gottes beim Menschen« (Ebeling 85) macht lebendig.

4. Entgegen aller Lebensverachtung, die sich an der Begrenztheit irdischer Möglichkeiten wundreibt, aber auch anstelle einer Lebenssehnsucht, die sie zu überspringen trachtet, erfüllt sich die Bestimmung menschlichen Lebens in der Treue zur Erde. Sie gilt es »zu bebauen und zu bewahren« (ein Hendiadyoin, am besten mit »Kulturarbeit« wiederzugeben). Begrenzt und geradezu pragmatisch klingt dieser Auftrag, der Sinn und Zweck menschlichen Lebens beschreibt. Wirklich human ist nicht ein technologisch hochgerüstetes, »unendliches Begehren nach Mehr« (P. Gross), sondern die zuversichtliche Beharrlichkeit, die gerade den mühsamen Lebensraum Alltag als »Oase bei Gott« (H. Seebaß) wahrnimmt und ehrt: Wenn irgendwo, dann wird hier Sinn erfahren und Leben als lohnend erlebt.

5. Damit sind wir doch wieder (auf Umwegen freilich) bei den einfachen, elementaren Fragen - und bei den Leuten, die sonntags im Gottesdienst sitzen. Sie gehören in der Regel nicht zu den Machern und Machtmenschen, die den Fortschritt planen und das Gesicht dieser Erde nach ihrem Gutdünken verändern: alte Menschen, die angesichts aller Neuerungen die Welt nicht mehr verstehen und sich deshalb in eine vermeintlich gute alte Zeit zurücksehnen, in der das Leben noch überschaubar war; Kinder und Jugendliche, die eine Umwelt erben werden, deren Zustand (vor allem: deren Schäden, deren Gefahren!) sie weder rückgängig machen noch abwenden können. Zum zweiten ist unser Gottesdienst, sind seine BesucherInnen geradezu das Gegenbild der Erlebnisgesellschaft, in der man fit und fun zu sein hat: Die meisten sind entweder noch nicht oder nicht mehr in der Lage, »mitzunehmen«, was Amusement statt Alltagsöde oder Höhepunkte statt eines immer mehr auf routinierte Abläufe reduzierten Lebens verspricht. In der Tat: Mehr als andernorts sammeln sich in unseren Gottesdiensten die »Opfer der Zeit«: Vereinsamte, die tagtäglich die Vergänglichkeit des Lebens am eigenen Leib erleben; Resignierte, denen es am Mut zum Neuanfang fehlt; Desorientierte, die in einer unübersichtlichen Welt ein Stück Heimat suchen; Enttäuschte, Gescheiterte und Zukurzgekommene, die nach Sinn und Wert ihres Lebens fragen angesichts einer Welt, in der das einzig Erfolgreiche der Erfolg ist. Ihnen möchte ich sagen:

- Wir müssen die Vergänglichkeit nicht fürchten, denn sie gehört zum Leben (»aus Erde gemacht«);

- Wir müssen das Leben nicht erzwingen, wir bekommen es geschenkt - umsonst (»von Gottes Geist belebt«);
- Wir müssen dem Leben keinen Sinn abringen - er liegt darin, daß wir der Erde treu bleiben und das uns Mögliche tun (»bebauen und bewahren«).
6. Zuletzt noch ein paar exegetisch-homiletische Ratschläge:
a) Der Text wird verfehlt, wenn man ihn in das dogmatische Schema »Schöpfung und Fall« einpaßt. Nicht von einem gleichsam prähistorischen Idealzustand ist die Rede, sondern von bleibenden Grundstrukturen des Lebens. Dazu gehören Vergänglichkeit und Sterblichkeit (adam - adama!) ebenso wie das Mandat der Arbeit. Wenn man so will: Lebendigsein und Tätigsein sind schon ein Stück Paradies.
b) Geht es um Grundstrukturen des Lebens, dann braucht das befrachtete Bild vom Baum des Lebens bzw. vom Baum der Erkenntnis (Gut und Böse = Alles) nicht eigens thematisiert zu werden. Zugleich entfällt die Nötigung, auch noch die Vexierfrage nach Ursprung bzw. Entstehung des Bösen behandeln zu müssen.
c) Der Text zielt nicht auf Lehre und schon gar nicht auf ethische Belehrung. Seine transmoralische Tiefendimension wird verfehlt, wenn man V. 15 besonders gewichtet, eine Programmatik des Konziliaren Prozesses isoliert und zum soundsovielten Mal von der »Bewahrung der Schöpfung« anstelle ihrer »Bebauung« und Ausbeutung (an der die Mehrzahl unserer Gottesdienstbesucher, wie gesagt, kaum beteiligt und für die sie deshalb auch nicht persönlich haftbar zu machen ist) predigt. Kyrie und Fürbitten bieten für diese Probleme einen geeigneteren Platz.

Vorschläge zur Liturgie

Begrüßung und Eröffnung
»Alle eure Sorge werft auf Gott, denn er sorgt für euch!« Unser Gottesdienst, zu dem ich Sie ganz herzlich begrüße, will dazu von neuem Mut machen. Es sind ja nicht unbedingt die Grenzen, an die wir immer wieder stoßen, die das Leben zur Last machen. Viel schlimmer sind womöglich die vielen Wünsche ans Leben und die verbreitete Angst, zu kurz zu kommen; sie halten uns unnötig in Atem und lassen uns vergessen, wie viel uns zufällt - durch Gottes Fürsorge und ohne unser Zutun. Aufatmen können wir, wo wir uns auf das Leben einlassen, das Gott uns zugedacht hat. Davon wollen wir hören. Das wollen wir erbitten. Das wollen wir feiern.

Kyrie und Gloria
Wir suchen nach Leben und finden es nicht.
Wir fürchten das Sterben und entgehen ihm nicht.
Wir fragen nach Sinn und verspielen ihn oft.

So rufen wir zu Gott:
Kyrie eleison - Herr, erbarme dich (EG 178,10)
Gott steht zu uns und umgibt uns mit seiner Gnade.
Er setzt uns ein Ziel: seine Erde bewohnbar zu machen.
Er hält uns im Sterben: wir bleiben Teil dieser Erde.
Er belebt unser Leben mit der Kraft seines Geistes.
Darum loben wir ihn und singen:
Gott in der Höh sei Preis und Ehr (EG 180,2)

Gebet des Tages

Gott: Wir streben nach allem, was unserer vergänglichen Zeit Dauer gibt - du belebst unser begrenztes Leben mit dem Atem deines Geistes. Wir fürchten, zu kurz zu kommen, wenn besondere Höhepunkte, Erlebnisse oder Erfolge ausbleiben - du willst gerade unser alltägliches, durchschnittliches Leben mit Sinn erfüllen.

So bitten wir dich: Laß uns immer wieder spüren, wozu wir gut sind und wie du uns brauchen kannst. Gib uns Treue zur Erde, Liebe zu den Menschen und die Hoffnung, daß dein Dasein unser Leben trägt und dein Segen uns schenkt, was wir brauchen.

In Jesus Christus hast du das gezeigt und wahr gemacht. Ihm laß uns folgen. Amen.

Lesungen

Als Psalmgebet bzw. Introitus bieten sich an: Psalm 103 = EG 780 oder Psalm 104 = EG 779.

Sowohl die Epistel als auch das Evangelium des Sonntags eignen sich als Kontext zu 1. Mose 2: 1. Petrus 5,5c–11 und vor allem Matthäus 6,25–43. Alternativen: Galater 5,16.22–23a; 6,7–9. Johannes 6,32–35.

Lieder (EG)

345 (Auf meinen lieben Gott = Wochenlied); 368 (In allen meinen Taten); 424 (Deine Hände, großer Gott); 432 (Gott gab uns Atem); 382 (Ich steh vor dir mit leeren Händen); 171 (Bewahre uns, Gott).

Fürbitten (Bausteine)

Laßt uns im Gebet Gott anrufen, der unser Leben trägt und dem diese Erde gehört.

Für alle, die mit sich und ihrem Leben unzufrieden sind: daß sie einen Sinn finden in dem, was sie tun, und auch das Gute sehen, das ihnen geschenkt ist.

Für die Menschen, die sich mit ihren engen Grenzen nicht abfinden können: daß sie sich nicht in sich verschließen, sondern Spielräume entdecken, sich zu entfalten.

Für die vielen, vor allem die jungen Menschen, die vor lauter Genußstreben und Erlebnishunger gar nicht mehr fragen, was wichtig ist: daß sie

ihre eigenen Wünsche, Fähigkeiten und Begabungen entwickeln, statt sie zu vergessen.
Für alle, die unsere moderne Zeit nicht mehr verstehen und unter dem Fortschritt leiden, der alles verändert: daß ihre Fragen gehört und ihre Erfahrungen geachtet werden.
Für die Forscher, Wissenschaftler und Techniker: daß sie die dem Menschen gesetzten Grenzen achten und im Auge behalten, was dem Leben dient, nicht nur dem Fortschritt und dem Profit.
Für alle Verantwortlichen in Wirtschaft und Politik, aber auch für uns, die wir ihre Entscheidungen mit zu verantworten haben: daß sie alles vermeiden, was zur weiteren Zerstörung des natürlichen Gleichgewichts auf der Erde beiträgt und die Rechte derer, die nach uns kommen, im Blick behalten.
Für uns selber: daß wir unsere vergängliche Zeit wie ein kostbares Geschenk behandeln und so leben, wie Gott es von uns erwartet: in Treue zur Erde, Liebe zu den Menschen und mit der Hoffnung, daß Gott unser Leben trägt und sein Segen uns schenkt, was wir brauchen.
Ihm vertrauen wir uns und diese Erde an.
Was uns belastet, legen wir ihm ans Herz.
Er wird uns hören, wenn wir im Namen Jesu und mit seinen Worten miteinander beten:
Vater unser …

Predigtvorschlag

Möglicher Anfang
»Tu, was dir gefällt!« So etwa lautet die Gebrauchsanweisung fürs Leben, wie sie uns tagtäglich von wohlmeinenden Ratgebern eingeschärft wird. Verbunden mit der Warnung »Wer etwas verpaßt, lebt verkehrt« entsteht daraus ein Programm, das ungezählte Menschen ganz schön in Atem hält. Mehr schaffen, mehr erreichen, mehr genießen, mehr erleben, heißt die Devise. Ob dabei auch herauskommt, was beabsichtigt war, nämlich mehr Leben, möchte ich allerdings bezweifeln. Darf ich an ein paar Bebachtungen erinnern?
Unsere Fabriken, Büros und zunehmend auch unsere Küchen sind vollgestopft mit Maschinen, Automaten, Computern, also jeder Menge Technik, die einzig dem Zweck dienen soll, die Arbeit zu erleichtern und Zeit zu sparen; doch stattdessen steigt die Zahl der Arbeitslosen, der Streß nimmt zu, und wir haben unterm Strich nicht etwa mehr, sondern weniger Zeit. Noch nie hatten Kinder und Jugendliche so viel Spielzeug wie heute, aber sie haben sich auch noch nie so gelangweilt wie heute. Wir haben (demnächst) an die 50 Fernsehprogramme samt Video; aber oft klappt die einfachste Unterhaltung nicht mehr. Immer umtriebiger wird unsere Freizeit, immer

lauter und bunter werden die vielfältigen Unterhaltungsangebote, aber daß alle oder nur die meisten »fit« und »fun« wären, wie geplant und versprochen, läßt sich beim besten Willen nicht behaupten. Weltweite Datenautobahnen vernetzen Märkte und Kontinente, aber immer mehr Menschen klagen über mangelnden Kontakt und leiden an sprachlos gewordenen Beziehungen. Es ist uns dank Forschung, Technik und Medizin gelungen, die Altersgrenze immer weiter hinauszuschieben und den Tod an den Rand des Lebens zu verdrängen; nun holt er uns mitten im Leben ein: Immer mehr Jugendliche wissen nicht mehr, wofür sie leben und arbeiten; die Zahl der Kinder- und Schülerselbstmorde nimmt ständig zu; immer mehr Ehen gehen zu Bruch und lassen Scheidungswaisen zurück. Eine clevere Werbung hat immer mehr Paradiese im Angebot; aber es sieht so aus, als würde unsere Welt immer höllischer. Von Paradies keine Spur.
Irgendwas müssen wir falsch machen. Irgendwie stimmt die Richtung nicht. Ob das mit Leben gemeint ist – von dem Schöpfer nämlich, von dem alles Leben kommt? Sehen wir uns seinen Entwurf an! *(Text lesen)*

Zum weiteren Verlauf
1. Was uns wie ein Kunstfehler vorkommt, den es nach Möglichkeit zu beseitigen oder wenigstens zu vertuschen gilt, gehört in Wirklichkeit zum Plan des Schöpfers: Unser Leben ist und bleibt an diese Erde gebunden. Zum Vergehen bestimmt. Ein Teil der Natur, mit ihr verschwistert und für sie verantwortlich. Befristet und begrenzt durch den Tod. Konsequenzen?
– Das Mißtrauen gegen eine Forschung, die die Todesgrenze des Lebens immer weiter hinauszuschieben trachtet, ist im Recht: Die gentechnisch haltbar gemachten Tomaten sind womöglich gefährlicher als die Experten heute schon wissen. Die heutigen Möglichkeiten der Gesundheitsvorsorge bescheren zwar einzelnen Menschen ein Mehr an Jahren, aber nicht unbedingt ein Mehr an erfülltem Leben. Die moderne Medizin kann zwar durch den Austausch einzelner Organe Leben verlängern, das sonst zum Sterben verurteilt wäre; aber dafür müssen andere Menschen erst mal sterben, damit sie als menschliches Ersatzteillager nutzbar sind.
– Nicht jeder Fortschritt, der die Erdenschwere menschlichen Lebens erleichtern, womöglich beseitigen will, ist wirklich menschlich. Wir haben uns zwar mit einer neuen technischen Welt von Maschinen, Automaten und Computern umgeben, aber unser Leben ist dadurch nicht reicher geworden, jedenfalls nicht reicher an Glück, an Beziehungen und schon gar nicht an Zeit. Der Konkurrenzkampf in unserer so genannten freien Marktwirtschaft wird weltweit immer härter; wer nicht mithält, bleibt auf der Strecke, und wer mithalten will, muß erfolgreich sein, auch wenn persönliche Wünsche und Träume, die Familie und womöglich die eigene Gesundheit auf der Strecke bleiben.
Ob nicht die Mahnungen und Warnungen derer, die diese neue Zeit nicht mehr begreifen, den Grundgesetzen des Lebens womöglich näher sind als

die Machenschaften der Planer und Macher? Gerade die Erfahrungen älterer Menschen zeigen: Wir müssen Erdenschwere und Vergänglichkeit nicht fürchten, sie gehören zum Leben.
2. Das führt auf den Kern des Problems. Es gibt in der Tat eine weit verbreitete Überzeugung, ob ausgesprochen oder nicht: Leben ist nur, was wir selber draus machen. Also müssen wir um jeden Preis und auf Teufel komm raus herausholen, was zu holen ist. Nur Genuß ist Leben, nur Erlebnisse zählen; und weil unser durchschnittliches Leben daran so arm ist, müssen wir eben was los machen, damit was los ist und Leben sich lohnt.
- Disco-Raserei, Extremsport und jede Menge Freizeit-Wahnsinn sind »in«. Immer mehr Fernsehprogramme. Immer mehr Termine am Wochenende. Immer mehr Erlebnisse, am besten gleich mehrere zu gleicher Zeit. Als müßten wir uns ständig selber beweisen, daß wir noch am Leben sind. Als wäre das durchschnittliche Leben so öde, daß nur ein volles Unterhaltungsprogramm für den tristen Alltag entschädigen kann. Als wären wir ohne ständige Anreize von außen gar nicht in der Lage, uns selbst zu spüren und das Leben zu genießen.
- Auch wer da nicht mithalten kann und will, ist angesteckt. Die Angst, zu kurz zu kommen, ist längst eine Art Volkskrankheit geworden. Was sollen wir uns anschaffen? Wohin wollen wir als nächstes reisen? Was entgeht uns, wenn wir uns nicht da oder dort blicken lassen? Bleiben wir nicht auf der Strecke, wenn wir nicht ständig ausbauen und unser Geschäft vergrößern? Kein Wunder, daß die Angst, zu kurz zu kommen, so weit verbreitet ist, nicht nur bei jungen Leuten. Wo doch das Leben wie ein gigantischer Supermarkt ist, der uns vorführt, was wir alles noch *nicht* haben, aber haben sollten. Viel überflüssige Unruhe, Hektik und Unzufriedenheit kommen wahrscheinlich daher, daß wir weniger darauf achten, was wir wirklich brauchen und was uns gut tut, als auf die Verlockungen immer neuer Paradiese jenseits unseres gewöhnlichen, anstrengenden und erdenschweren Lebens.
Da bleiben nicht nur diejenigen auf der Strecke, die vor lauter Verlockungen nicht mehr wissen, was sie wählen sollen. Sondern erst recht alle, die nicht mehr mithalten können auf diesem gigantischen Markt immer neuer Möglichkeiten: wer arbeitslos oder von Arbeitslosigkeit bedroht ist; wer einen lieben Menschen verloren hat und nun allein durchs Leben kommen muß; auch, wer für andere zu sorgen und darum weder Zeit noch Gelegenheit hat, alle verlockenden Angebote wahrzunehmen.
Aber - gut zu hören und noch besser, damit ernstzumachen: Wir müssen das Leben nicht erzwingen, wir bekommen es geschenkt. Umsonst. Wer das weiß, kommt frei von der Angst, zu kurz zu kommen. Muß nicht immer neue und immer verrücktere Erlebnisse zu konsumieren und ständig in action zu sein, um sich und das Leben zu spüren. Stattdessen können wir wieder lernen, langsam und gelassen zu leben. Gottes Atem ist es, der unser Leben belebt. Wer das weiß, muß nicht atemlos jedem Vorteil und jedem Genuß nachjagen, muß sich weder von den Verlockungen des Marktes

noch von den eigenen unendlichen Wünschen antreiben und hetzen lassen. Gottes Geist ist es, der uns zwischen wichtig und unwichtig, richtig und falsch unterscheiden lehrt und der uns an die verborgenen Kräfte des Mutes und der Phantasie erinnert, die in uns schlummern. Wer in diesem Geist lebt, kriegt Augen dafür, was uns ohne unser Zutun zufällt: die Freuden, die wir nicht erarbeitet, das Glück, das wir nicht selbst geschaffen, und nicht zuletzt die Liebe, die wir nicht verdient haben und die uns trotzdem geschenkt wird.

3. Was wir gewinnen? Klarheit, worauf es wirklich ankommt. Einen Sinn für unser Leben. Und eine Aufgabe, für die es sich zu leben lohnt. Dazu braucht's weder den großen Fortschritt noch die große Veränderung noch große Erlebnisse. Sondern Treue zur mühsamen Erde und Beharrlichkeit in dem, was uns aufgetragen ist: den Acker vor unseren Füßen zu bebauen und zu bewahren.

- Wir müssen nicht früheren Zeiten nachtrauern, heißt das, als wären sie um so vieles besser gewesen. Es gibt eine Sehnsucht nach dem verlorenen Paradies, die uns die Augen vor dem verschließt, was heute möglich ist, und die uns lähmt, das zu bewegen und zu ändern, was in unserer Macht steht. Daß wir leben und tätig sein können - das ist schon eine Spur Paradies. Wir müssen es nur sehen.

- Es zwingt uns aber auch nichts, auf bessere Zeiten zu warten. Es gibt einen verbreiteten Glauben an den Fortschritt, der unsere Erde erst zu dem Jammertal *macht,* das viele beklagen. Zum Beispiel: Mögen in Zukunft manche Krankheiten heilbar sein, die heute noch tödlich ausgehen - heute schon können wir so miteinander umgehen, daß Kranke zumindest nicht verzweifeln müssen. Oder: Viele Schäden, mit denen wir Menschen das Gleichgewicht der Natur auf Dauer gestört haben, werden erst morgen oder übermorgen spürbar werden - aber nichts hindert uns daran, heute so zu leben, daß wir keine neuen Zerstörungen anrichten.

- Genau jenes alltägliche Leben, mit dem wir oftmals keine Hoffnungen mehr verbinden, kann für uns zum blühenden Garten werden, wenn wir ihn nur liebevoll pflegen. Es gibt viele Gründe, der Mühsal des Alltags zu entfliehen und das Glück, das wahre Leben nur in besonderen Erlebnissen zu suchen. Doch weil wir das Leben nicht uns selbst verdanken, läßt es sich auch und gerade dort finden, wo wir's oft am wenigsten vermuten: im unheiligen Alltag und mitten in dieser scheinbar so gottlosen Welt.

Möglicher Schluß

Wir alle sind auf der Suche nach dem verlorenen Paradies. Aber das ist kein Stück Vergangenheit, in das wir zumindest in wehmütigen Erinnerungen zurückkehren könnten. Es liegt auch nicht in der Zukunft, als brächte uns das, was wir Fortschritt nennen, ihm näher, bis wir es endlich geschafft und erreicht haben nach eigenem Entwurf. Und ebensowenig ist es dort zu finden, wo wir zwar high und happy sind, aber auch weit weg von dem Leben, das uns Tag für Tag in Anspruch nimmt. Sondern mitten in diesem ganz gewöhnlichen Leben kann immer wieder ein Stückchen vom Paradies wachsen. Denn Gottes Geist weckt in uns - wie ein belebender Atem - die Kräfte des Glaubens, der Hoffnung und der Liebe; und er erinnert uns tagtäglich daran: Du bist zu etwas gut auf dieser Welt.

Kontexte

»Der Mensch stirbt daran, daß er sich ein Leben nehmen will, das er, wenn er es dankbar empfangen wollte, in Frieden leben dürfte.«
(Karl Barth, KD IV/1, S. 532)

»Sofie blieb grübelnd auf dem Kiesweg stehen. Sie versuchte, besonders intensiv daran zu denken, daß sie existierte, um dabei zu vergessen, daß sie nicht immer hier sein würde. Aber das war ganz unmöglich. Sowie sie sich darauf konzentrierte, daß sie existierte, tauchte sofort auch ein Gedanke an das Ende des Lebens auf. Umgekehrt war es genauso: Erst wenn sie ganz stark empfand, daß sie eines Tages ganz verschwunden sein würde, ging ihr richtig auf, wie unendlich wertvoll das Leben war. Es war wie die beiden Seiten einer Münze, einer Münze, die sie immer wieder umdrehte. Und je größer und deutlicher die eine Seite der Münze war, um so größer und deutlicher wurde auch die andere. Leben und Tod waren zwei Seiten derselben Sache.
Man kann nicht erleben, daß man existiert, ohne auch zu erleben, daß man sterben muß, dachte sie. Und es ist genauso unmöglich, darüber nachzudenken, daß man sterben muß, ohne zugleich daran zu denken, wie phantastisch das Leben ist.«
»Wer das Los des Lebens zieht, muß auch das Los des Todes ziehen. Denn das Los des Lebens ist der Tod.«
(Jostein Gaarder, Sofies Welt, © Carl Hanser Verlag München Wien 1993, S. 11f. und 593)

»Auf dieser Welt, die immer enger wird, braucht jeder von uns alle anderen. Wir müssen den Menschen suchen, wo immer er sich befindet.«
(Jorgos Seferis, Aus der Nobelpreisrede Stockholm 1963)

16. Sonntag nach Trinitatis

Annäherungen an den Predigttext Hebräer 10,35-36

Heinz Behrends

»Der Text ist doof«, sagt eine Konfirmandin. Ich verstehe sie. Der Text lebt von Substantiven: Vertrauen, Geduld, Wille Gottes, das Verheißene. Und der Text wird als Forderung erlebt. Erwachsene wie Konfirmanden überhören angesichts der Last der Begriffe den Spannungsbogen der Verben: (Nicht) wegwerfen und empfangen.

Die Schlüsselworte

Vertrauen
»Wer vertraut, weiß, was er will.«
»Vertrauen hängt immer von meinem Gegenüber ab.«
»Vertrauen kommt nicht so schnell wieder, wenn es erst mal zerstört ist.« – »Doch, das hängt ganz davon ab, was vorgefallen ist.«

Geduld
»Ungeduld macht vieles kaputt.«
Aber warum muß man Geduld lernen, um den Willen Gottes zu erkennen? Ist das so schwierig? Und was ist der Wille Gottes? Ein Konfirmand: »Damit sind die Zehn Gebote und alles, was Jesus gesagt hat, gemeint.«
Vertrauen ist unendlich kostbar und verletzlich. Vertrauen in der Ehe und der Freundschaft als Boden, auf dem nur Gutes wächst. Der Bauer, der nicht darauf vertraut, daß der Boden gut ist und nicht in Geduld wachsen läßt, sondern mit seinen eigenen Händen den Halm aus der Erde zerrt, wird Leben zerstören.
Vertrauen ist der Resonanzboden, auf den alles fällt. Ist das Vertrauen gestört, wird alles anders gedeutet, als es gemeint oder gewollt ist.
Das Gegenteil von Vertrauen ist nach Drewermann die Angst. Der Mensch, der seine eigene Existenz selbst zu erstellen und zu begründen sucht, wird sein müssen wie Gott. Das ist die Sünde. Ihre Folge ist die Angst.
»Der Text ist sehr schön, schöne zwei Zeilen«, sagt eine junge Frau. »Der spricht mich an. Er ist tröstlich.«
Wer den Text nicht als Anspruch, nicht als Forderung hört, läßt sich von ihm ermutigen.

»Geduld bedeutet, laß Dir Zeit. Vertrauen wächst, wenn man sich vertraut macht. Und dazu bedarf es der Zeit, der Ruhe und der Ausdauer. Ich erkenne, was für mich wichtig ist, und ich kann unterscheiden, was ich wirklich empfangen soll. Ich erfahre, was gut ist und was Gott für mich will.«
Der Wille Gottes wird also verstanden als das Gute, das Gott für mich bereitet hat, nicht als Forderung an mein Handeln, die mich unter Druck setzt. Diese Auslegung liegt näher an der genaueren Übersetzung des Textes mit ›Zuversicht‹ und ›Audauer‹.
So übersetzt eine Konfirmandin den Text:
»Um Gottes Willen zu verstehen, muß man Vertrauen schenken und Geduld haben. Dann erkennt man auch, daß man den Willen Gottes als Belohnung für das Vertrauen und die Geduld verstehen kann.«
Und zuletzt ein Spruch:
»Handle so, als ob alles von dir abhinge, und vertraue, als ob alles von Gott abhinge.«

Zum Gottesdienst

Peter Godzik

Exegetisch-homiletische Skizze

Es mag ja sein, daß die großen Hauptworte (Vertrauen, Geduld, Wille Gottes, das Verheißene) das *Verstehen des Textes* erschweren und den Zugang zu den »spannenden« Tätigkeitsworten (nicht wegwerfen, empfangen) verstellen. Aber wir dürfen nicht gleich auf den ersten Blick wichtige Worte übersehen, nämlich »Belohnung« und »tun« – gerade weil es Begriffe sind, mit denen wir in unserer protestantischen Frömmigkeit so unsere Schwierigkeiten haben.
Die Wendung »Kampf des Leidens« in Vers 32 macht deutlich, in welchem Kontext wir die Ermunterung des Briefschreibers zu verstehen haben: es geht um eine erbitterte Auseinandersetzung in Fragen des Glaubens mit viel Gewalt und Leiden, in der die Dulder der Gemeinde in der Gefahr stehen, alle Hoffnung aufzugeben und doch noch die Flucht zu ergreifen. Dabei steht die Bestärkung ihrer Position schon vor der Tür: Es lohnt sich, noch ein wenig Geduld zu haben, die Zuversicht nicht fahren zu lassen und am Ende den verheißenen Siegespreis für alle Überwindung in Empfang zu nehmen.
»Wir gehören nämlich nicht zu denen, die so schnell aufgeben und sich einfach aus dem Staub machen« (Vers 39) – ob nicht auch Konfirmanden und Jugendliche diesen Satz verstehen können, wenn ihnen das

Gesagte in einem ihnen verständlichen Zusammenhang nahegebracht wird?
Wir übertragen den Text deshalb zunächst in die Situation eines sportlichen Wettkampfs (in V. 33 steht griech. »athlesis« für »Kampf«): »Nun gebt nicht gleich auf. Ihr werdet sehen: Zuversicht zahlt sich aus. Ein bißchen Geduld noch, dann werden wir unser Ziel erreichen. Die Verstärkung wird gleich eingewechselt werden. Wir gehören doch nicht zu denen, die vor der Stärke des Gegners kapitulieren. Wir werden das Spiel noch umbiegen, wenn wir nur fest zusammenhalten.«
Versuchsweise übersetzen wir den Text auch noch in die Situation einer gewaltsamen Auseinandersetzung, obwohl wir uns der Gefahren einer solchen »Übertragung« bewußt sind: »Es hat keinen Zweck, gleich alles hinzuschmeißen und wegzulaufen. So erreichen wir unser Ziel nie. Mit Geduld und klugem Handeln werden wir den Gegner doch noch bezwingen. Außerdem steht da noch einer bereit, der uns unterstützen und stärken wird. Wir gehören nicht zu denen, die so schnell aufgeben. Wenn wir fest davon überzeugt sind, daß wir es schaffen werden, dann werden wir auch gewinnen und unser Leben bewahren.«

Der Hebräerbrief wurde wahrscheinlich zwischen 80 und 90 n. Chr. von einem unbekannten Verfasser (nicht Paulus) geschrieben. Er ist eigentlich kein Brief, sondern eine Sammlung paränetisch ausgerichteter Predigten mit einem fiktiven brieflichen Schluß. Empfänger sind nicht Judenchristen (»Hebräer«), sondern Heidenchristen. Die Bezeichnung »An die Hebräer« ist sekundär und stammt aus der Zeit der Sammlung urchristlicher Briefe im 2. Jahrhundert. Die Gemeinde, die der Prediger vor Augen hat, ist weniger bedroht durch Irrlehrer als vielmehr durch Verfolgungen und ein allgemeines Erlahmen, das auf ihre guten Anfänge folgte.
Die *Besonderheiten des Hebräerbriefes:* Er ist eigentlich ein Hymnus auf Christus, den wahren Hohenpriester. Ein in der judenchristlichen Tradition bewanderter Prediger unternimmt hier den Versuch, auf didaktisch geschickte Weise seinen Hörern (und später: Lesern) die Größe des Sühneopfers Jesu und die Wichtigkeit seines hohenpriesterlichen Dienstes mit den Mitteln des Alten Testaments vor Augen zu führen. Dieser »Höhenlage« christlichen Selbstverständnisses soll nun auch die Gewißheit, fröhlichkeit und Einsatzbereitschaft der christlichen Gemeinde entsprechen. Es geht also darum, den Willen Gottes auch in einer unfreundlichen, ja feindlich gesinnten Umgebung angesichts nachlassender Kräfte zu tun und nicht unter dem Druck der Verhältnisses als christliche Gemeinde zurückzuweichen.
Gott wird dabei als Auftraggeber und Garant, als Ermutiger und Warner seiner Gemeinde verstanden:
- Gott möchte, daß wir unter allen Umständen seinen Willen tun.
- Er hält an seiner »Vision« (Verheißung) für uns fest.

- Er verspricht Leben dem Gerechten, der glaubt.
- Er verwirft den Abtrünnigen.

Die dazu herangezogene Stelle aus dem Buch des Propheten Habakuk ist hier wie üblich nach der Septuaginta (LXX) zitiert, enthält aber schon eine bemerkenswerte Abweichung gegenüber dem ursprünglichen hebräischen Text. Sagt der masoretische Text (M) über den Halsstarrigen (Aufgeblasenen, Vermessenen) noch: »seine Seele verschmachtet in ihm«, bringt LXX schon zum Ausdruck: »meine (d.h. Gottes) Seele hat keinen Gefallen an ihm« (dem Zurückweichenden).

In seiner Übersetzung der Schlußfolgerung aus dem Habakuk-Zitat (V. 39) setzt Luther noch eins drauf, indem er von den »Verdammten« spricht. Dabei meint der griechische Text an dieser Stelle lediglich ein Zurückweichen, das zum Verderben im Sinne von Verlieren bzw. Verlust führt. Von einer »Verdammung« kann im vorliegenden Text gar keine Rede sein, wenn man auf den Zusammenhang und die sprachlichen Konnotationen des herangezogenen Bildes vom (Wett-)Kampf achtet.

»Mit warmem Gefühl, aber nicht ohne Wehmut im Blick auf den Abstand der Gegenwart, lenkt der Verfasser die Erinnerung auf jene heroische Zeit der Gemeinde zurück, auf die freudige Zuversicht und Standhaftigkeit, die die Leser damals bewiesen haben. Wollen sie jetzt wirklich diese ihre eigene Vergangenheit verleugnen? Wollen sie ihre Zuversicht wegwerfen wie einen wertlos gewordenen Gegenstand? Das kann und darf nicht sein. Denn mit der Vergangenheit gäben sie die Zukunft preis, deren gewisse Hoffnung sie ehedem zu Helden machte.« (Hermann Strathmann, NTD 9/1, 1935 z. St.)

Von Gott heißt es hier, daß er keinen Gefallen hat an dem, der zurückweicht, und daß er Leben schenkt dem, der glaubt und das Rechte tut.

Von Christus ist die Rede als dem, der nach den Worten des Propheten alsbald kommen soll und nach dem Zeugnis der Apostel schon gekommen ist. Er wird »Gottes Gerechter« genannt, an dem Gott Wohlgefallen hat, weil er nicht zurückgewichen ist, sondern ausgehalten hat.

Die Gläubigen werden ermahnt, Gottes Willen zu tun, geduldig zu sein und so das Verheißene zu empfangen. Der Briefschreiber kennt die tödliche Bedrohung durch Leid und Verfolgung, die viele zum Abfall verführt. Demgegenüber ermahnt er zu Vertrauen und Geduld, zu Zuversicht und Ausdauer. Er möchte, daß die Gläubigen ihre Seele, d.h. ihr Leben, retten und so Anteil gewinnen am ewigen Leben.

Am *1. Sonntag nach Trinitatis* geht es in den Gebeten, Liedern und Lesungen um die Geduld der Gläubigen angesichts der Hilfe, die Gott versprochen hat. Wir sind Zeugen der Erfüllung seines Versprechens: Dem Tod ist die Macht genommen und das Leben und ein unvergängliches Wesen ans Licht gebracht durch das Evangelium. Gottes Barmherzigkeit hat noch kein

Ende, sondern ist alle Morgen neu. Dagegen kommen auch nicht die bleibenden Erfahrungen von Tod, Verfolgung und Leid an. Gott legt uns zwar eine Last auf, aber er hilft uns auch. Wir haben einen Gott, der da hilft und vom Tode errettet.
Im Kontakt des Hebräerbriefes wird deutlich, daß diese Hilfe in der Lebenshingabe Jesu Christi besteht. Wir haben Zugang zu diesem Opfer in Wort und Sakrament und sollen deshalb die gottesdienstlichen Versammlungen nicht verachten. Angesichts einer säkularen und kirchenkritischen Welt werden wir zu Geduld und Zuversicht aufgerufen. Der Sieg Christi über den Tod ist die eigentliche Kraft und Verheißung unseres Lebens. Das Bild des Lebenskampfes bekommt im norddeutschen Zusammenhang eine besondere Farbe: »Wer nicht will deichen, muß weichen.« Der Deichbau wird so zum Beispiel für ein Festhalten am Glauben.

Vorschläge zur Liturgie

Liedvorschläge
Nun danket all und bringet Ehr (EG 322)
Was mein Gott will, gescheh allzeit (EG 364)
Wohl denen, die da wandeln (EG 295)
Mir nach, spricht Christus, unser Held (EG 385)
Weitere Liedvorschläge: Jesus ist kommen, Grund ewiger Freude (EG 66); Jesus lebt, mit ihm auch ich (EG 115); aus dem nordelbischen Anhang: Ewig steht fest der Kirche Haus (EG 576)

Psalmgebet
Aus Meerestiefen
rufe ich, Herr, zu dir.
Vernimm mein Schreien.
Denn Wasser gehen über mich hin,
und meine Deiche sind gebrochen.
Schon dringen Todesfluten in mich ein
und wollen mich fortreißen
wie herrenloses Strandgut, –
da kommst du, Herr,
auf Wassern mir entgegen.
»Schweig!«, rufst du den Winden
und dem Meer: »Verstumme!«
Wenn du gebietest,
dir gehorchen Meerestiefen.
Dein Wort baut um mich starke Deiche,

dein Wort stellt mich auf festen Grund.
Gib du, Herr,
daß ich nicht mehr weiche
von dir und deinem Wort.

(aus: Dietrich Heyde, Hallig. Landschaft wie ein Vers im Psalter, Breklumer Verlag Manfred Siegel, Breklum 1983, S. 29)

Kollektengebet

Herr, großer Gott,
barmherziger Vater,
wir bitten dich:
Gib uns das Licht des Lebens,
das die Dunkelheit des Todes überwindet.
Nimm von uns allen Unglauben und Zweifel.
Laß uns dir vertrauen.
Erhöre uns durch Jesus Christus,
der mit dir und dem Heiligen Geist
uns das Leben schenkt.
Allmächtiger Gott,
du bist Anfang und Ende der Zeit,
von Ewigkeit zu Ewigkeit. Amen.

(aus: Peter Helbich, Gottesdienstgebete zum Kirchenjahr. Gütersloher Verlagshaus, Gütersloh 4. Aufl. 1993)

Fürbittengebet

Allmächtiger, barmherziger Gott, Du willst, daß wir leben und hoffen. Du hast es uns gezeigt und gesagt durch Jesus Christus, Deinen Sohn, unsern Herrn.

Wir breiten vor Dir die Not unserer Zeit aus: Herr, es sind so viele Hände müde geworden, zu müde, um zu arbeiten, zu müde, um zu dienen, zu müde, um zu helfen. Stärke Du die müden Hände in der Welt, stärke uns!

Herr, es werden so viele Knie wankend: Vielen fehlt ein fester Standpunkt, anderen ist der Boden unter den Füßen fortgezogen, wir selbst stehen oft nicht fest genug: Zeige Du uns unseren Standpunkt, damit wir anderen helfen können.

Herr, es gibt so viele verzagte Herzen in unserer Welt, Menschen, die mit dem Leben nicht fertig werden, Alte und Einsame, die warten.

Sende Deinen Heiligen Geist, daß er unsere Hände stärkt, unsere Knie festmacht, unsere Herzen tröstet, damit wir Deine Kraft weitergeben können in Deinem Namen, der herrlich ist über alle Namen. Amen.

(aus: Peter Spangenberg, Mit Gott reden. Gebete für Gottesdienst und Alltag, Gütersloh: Gütersloher Verlagshaus Gerd Mohn ³1973, S. 137)

Vorschlag zur Predigt

Möglicher Anfang
Das Vertrauen in die Kirche ist erschüttert. Viele treten aus. Die öffentliche Meinung ist sehr kritisch. Aber wir sind in der Gefahr zu sagen: Es hat keinen Zweck. Der Hebräerbrief mahnt uns: Werft euer Vertrauen nicht weg.
Was bewahrt uns in Krisensituationen vor Hektik und Angst, dem Geist der Verzagtheit und des Zurückweichens?
Im Norden Deutschlands gibt es eine existentielle Erfahrung: das beständige Angreifen der Nordsee gegen die Deiche. Das Meer will sich das Land zurückholen. Aber die Bewohner weichen nicht. Sie bauen Deiche. Sie beobachten das Werk der Wellen. Sie verstärken die Deiche. Sie tun, was in ihren Kräften steht. Und dann leben sie voller Vertrauen hinter den Deichen. Trotz der steigenden Fluten. Und gibt es einmal einen Einbruch, helfen sie einander, so gut es geht.

Zum weiteren Verlauf
Ein Gleichnis des Glaubens: Die Sturmfluten des Unglaubens rütteln an unseren Deichen. Aber wir bekommen es nicht mit der Angst zu tun und weichen nicht. Wir wissen: Starkes Vertrauen in Gottes Handeln an uns und das Tun des Gerechten können Berge versetzen. Wenn wir geduldig bleiben, werden wir das Verheißene empfangen, nämlich:
a) die versprochene Gottesruhe
In Christus hat Gott uns einen Helfer und Heiland geschickt, der uns gleich geworden ist. Weil er selber gelitten hat und versucht worden ist, kann er uns helfen. Er weiß, worunter wir leiden und worin wir schwach sind. Wir dürfen zu ihm kommen voller Zuversicht, ihn um Barmherzigkeit bitten und bei ihm Gnade finden zu jeder Zeit, in der wir Hilfe nötig haben. Wir dürfen zur Ruhe kommen vor Gott angesichts unserer Ängste und Zweifel. Die stürmischen Wogen des Lebens werden nicht über unseren Köpfen zusammenschlagen. Es wird einen Ort geben, wo wir sicher wohnen können.
b) das Wohlgefallen Gottes
Es ruht auf denen, die sich nicht beirren lassen, die geduldig sind und das Rechte tun. Gott will nicht, daß wir zurückweichen und wankend werden. Er möchte, daß wir aufeinander achthaben und uns anreizen zur Liebe und zu guten Werken. Er möchte nicht, daß wir die gottesdienstlichen Versammlungen verlassen, sondern einander ermahnen und zurechthelfen. Menschen, die sich so verhalten, leben unter seiner Verheißung: »Friede auf Erden den Menschen seines Wohlgefallens«. Die Kirche als Ort des Friedens und der gegenseitigen Stärkung, auferbaut aus seinem Wort und Sakrament.
c) ein Leben aus Glauben
Glauben heißt heimkehren zu Gott, sich seine Liebe und Barmherzigkeit gefallen lassen. Der Hebräerbrief macht uns auf elementare Weise klar, was

Glauben heißt: Leben finden. Gott will nicht den Tod des Gottlosen, sondern daß er sich bekehrt von seinen Wegen und am Leben bleibt (Hesekiel 18,23). Allerdings:

- Wer zu Gott kommen will, der muß zuerst einmal glauben, daß es ihn gibt.
- Wer glauben will, muß Gott die Ehre geben und darauf vertrauen, daß er auch hält, was er verspricht.

»Glaube ist eine feste Zuversicht auf das, was man hofft, und ein Nichtzweifeln an dem, was man nicht sieht.« (Hebräer 11,1)

Möglicher Schluß
Es gibt vieles, was uns ängstigt und bedroht. Aber wir geben unser Zutrauen in Gottes Verheißungen nicht auf. Krisen und Katastrophen werden uns angekündigt. Wir möchten am liebsten davonlaufen und den Kopf in den Sand stecken. Aber bange machen gilt nicht! Es ist nicht der Untergang, der auf uns zukommt, sondern in all den Krisen und Wandlungen der lebendige Christus. Gott kommt, das ist gewiß. Wir gehen auf seinen Advent zu. Im Warten und Ausharren unter schwierigen Bedingungen werden wir unser Vertrauen nicht wegwerfen, sondern geduldig sein, Gottes Willen tun und Ausschau halten nach dem Kommen des Gottesreiches. Wir beten bei jeder Trauerfeier zur Ermutigung und Erbauung für uns selbst: »Gib uns Kraft, daß wir den guten Kampf kämpfen, Glauben halten und gerüstet seien für deine Stunde in der Hoffnung der Auferstehung zum ewigen Leben. Durch Jesus Christus, unsern Herrn.«

Kontexte

Zum hier besprochenen Text gibt es auch einen gefährlichen »Gegentext«: die Durchhalteparolen der Nazis (»Ein deutscher Soldat weicht nicht zurück!«), ihr Warten auf eine Wunderwaffe (»Es dauert nicht mehr lange, dann wird eine überlegene Waffe zur Verfügung stehen!«).

Zur »Glaubensdefintion« in Hebräer 11,1 hat Gabriele Wohmann 1985 ein Hörspiel geschrieben: »Hebräer 11,1. Ein Hörspiel« (Eremiten-Presse).

Zum Deichbau und zur Problematik von Lebenssicherung und Lebensopfer vgl. die Novelle »Der Schimmelreiter« von Theodor Storm. Vgl. dazu auch die interessanten Ausführungen von Klaus-Peter Jörns, Der Sühnetod Jesu Christi in Frömmigkeit und Predigt. Ein praktisch-theologischer Diskurs, in: ZTHK Beiheft 8: Die Heilsbedeutung des Kreuzes für Glaube und Hoffnung des Christen, Tübingen: J.C.B. Mohr 1990, S. 70–93.

17. Sonntag nach Trinitatis

Annäherungen an den Predigttext Epheser 4,1-6

Arno Schmitt

Sich dem Text »angenähert« haben:
- eine Erwachsenengruppe (EG), im Bibellesen durchschnittlich geübt,
- eine KonfirmandInnen-Kleingruppe (KG), im Rahmen eines Werkstatt-Wochenendes (zur Erarbeitung von Textstellen zur Taufe),
- Kinderkirchen-MitarbeiterInnen in Einzelnotizen (EN).

Auf's Ganze gesehen

Aufgabe von KG während des Werkstatt-Wochenendes war es u. a., aus den Epheser-Kapiteln so viel Persönliches über den Schreiber herauszufinden wie nur möglich, denn ein »Schreiber-Steckbrief« sollte entstehen. Aber auch dazu, wenn möglich, sollte das Grüppchen etwas entdecken: Worum es dem Zeilenschreiber hier in der Mitte seines Briefes geht. Ergebnis? »Irgendetwas scheint auseinandergebrochen zu sein.« »In Ephesus war der Teufel los.« »Hin der Friede! Randale!«

Und einer der Spurensucher fügte hinzu: »Also, so hab ich mir das mit der Bibel ja immer vorgestellt. Da liest du und liest du und liest du ... und was du begreifst, ist so gut wie nix!«

Immerhin, so die Entdeckung: Der da schreibt, stellt sich im »Briefkopf« (1,1) mit Paulus vor, »ein Apostel Christi Jesu durch den Willen Gottes ...« Im gleichen Zusammenhang, nicht sonderlich präziser, der Hinweis auf die Adressaten: »... an die Heiligen in Ephesus.« (Für EG/KG war es von einigem Interesse in diesem Zusammenhang, Genaueres über die Anfänge frühchristlicher Gemeindebildungen außerhalb Palästinas und über das Verhältnis der Gemeindegründer zu den neu entstandenen/entstehenden Gemeinden zu erfahren. Was heißt es, »hellenistisch« geprägt zu sein? Wie erlebten die zugewanderten »Juden«/»Judenchristen« z. B. in Kleinasien die neue Situation? Von nur geringem Interesse dagegen war der Hinweis, der Epheserbrief gehöre möglicherweise gar nicht in die Reihe der »echten« Paulus-Briefe.)

Liegt nicht ein ganz konkreter Grund vor, wenn sich jemand hinsetzt und einen Brief schreibt?

Im vorliegenden Fall mag der mit dem momentanen Geschick des Gemeindegründers etwas zu tun haben (»Gefangener«/4,1). Doch ebenso mit der

entstandenen Situation in der Gemeinde: Der Apostel »mahnt«: (4,1): Er ermahnt die Empfänger, ihrer »Berufung würdig zu leben«, und dieses erweise sich in einem Leben der »Demut«/»Sanftmut«/»Geduld«/»Liebe« (4,2) ... bezogen auf die Lage: im Wahren der »Einigkeit im Geist durch das Band des Friedens« (4,3).
Hiervon scheint in der Gemeinde wenig geblieben zu sein, die »Einigkeit im Geist« erscheint zumindest aufs höchste gefährdet. Mag sein, die Situation war problematisch von Anfang an, man kennt das ja aus der eigenen Erfahrung: Gemeinden sind Menschengebilde und dort ist »die Tonlage des einen durchaus nicht immer die Tonlage des anderen« (EG). In Ephesus, so legen die Kapitel drumherum nahe, lebten und glaubten wohl mindestens zwei sehr unterschiedliche Provenenzien miteinander: Solche (an Anzahl überlegen), die »von Geburt an Heiden waren und von denen, die äußerlich beschnitten waren, Unbeschnittene genannt wurden« (2,11), und andere, die sich lange schon des »Bürgerrechts Israels« erfreuten und am »Bund der Verheißung« (2,11) partizipierten. Vielleicht vermochten die Risse in der Tat eine ganze Zeit lang überbrückbar geworden sein ... doch jetzt, was würde werden?
Für den Apostel jedenfalls, auffallend seine »fast katechetisartige Knappheit und Grundsätzlichkeit der Gedankenführung« (EG/EN), steht hier nicht ein Teilchen auf dem Spiel, sondern das Ganze, und das nach zwei Seiten: Zum einen steht für ihn die Identität der Gemeinde selber auf dem Spiel, »ganzer Bau«/»Gottes Wohnung«/»Tempel«/»Leib« (2,16/4,4) ist diese nämlich nicht im Zäuneaufrichten des einen gegen den anderen, sondern versöhnt nur/ent-feindet/»durch den Zaun nicht mehr getrennt« (2,14–16). Auf dem Spiel steht aber das »Geheimnis des göttlichen Willens« (1,9) vor allem, die Identität und Integrität der Berufungs-, Befreiungs-, Friedensstiftungs- und Hoffnungsgeschichte Gottes also von Ur an bis schlußendlich, Hand und Fuß und Fleisch und Blut geworden im *einen* »neuen Menschen« (2,15), Jesus Christus.

»Also, das mit der Demut ...«
EG/EN sind »Demut«/»Sanftmut«/»Geduld« aus dem neuen Testament auch »anderswoher: Kolosserbrief?« bekannt. Überhaupt, ganz außerbiblisch, stoisch-hellenistisch: »Der im Leid, im Aufruhr, in der Niederlage unberührt/ungerührt über den Dingen Stehende ...«
»Das mit der christlichen Demut« (EG) löste in den Gruppen die kontroversesten Reaktionen aus. Aus scheinbar peripherer Ausgangslage wird so ein »im Sprachgebrauch verlorengegangener Begriff« (EG) zu einem Schlüsselbegriff möglicherweise der gesamten Perikope. Ein Streiflicht zunächst auf die Bandbreite der Assoziationen:
»Gesenktes Haupt«/
»Gekrümmter Rücken«/
»Armes, kleines Sünderlein«/

»Kommt daher in Sack und Asche«/
»Schleppenträgerei«/
»Vordemokratische Servilität«/
»Lammfromm«/
»So hat die Kirche ihre Schäfchen doch gerne!«/
»Moralisch ummäntelte Depression«/
»Hoffnungslosigkeit«/
»Resignation«/
An positiver Qualifizierung: »Hier vermag sich jemand weit zurückzunehmen«
Ohne das Wort weiter in Anspruch nehmen zu wollen, ergab sich in der Schlußrunde des Gesprächs folgende Deuteperspektive (im Gesamtzusammenhang): »Es liegt dem Apostel daran, der Gemeinde erfahrbar zu machen, Gott selber hat etwas auf den Weg gebracht, was, den Teil/Teilhaber nicht einschränkt, sondern weitermacht in meinen Möglichkeiten, nur eben, daß es ›*jetzt*‹ auch darauf ankommt, die mir zur Verfügung stehenden neuen Möglichkeiten wahrzunehmen, konkret: der Gottesliebe im Maß meines Mutes zu entsprechen. Demut also als Flügelschlag der Dankbarkeit für das Gottesgeschenk offenkundig/öffentlich gewordenen Vertrauens in Talente, die ich nicht erst zu erfinden oder zu bewerkstelleigen habe, sondern schlicht und einfach als längst in mir vorhanden nehmen und nützen darf. Demut also: Nicht auf Herstellung und Absicherung der ›Einigkeit im Geist‹ kommt es an, sondern auf exakt den mir *möglichen,* mir *gangbaren* Schritt auf jenem von Gott initiierten Kurs, »irgendwann auch einmal den letzten der Zäune dieser Welt zu beseitigen und die Angst voreinander zu überwinden«. Demut, das ist auf der Seite des von Gott geliebten Menschen jenes Quentchen Liebe, das sich einmischt in die Lieblosigkeit dieser Welt und sich vor das bedrohte Leben stellt gegen alles, was dagegensteht ...« (EG)
»Da ist der Schulleiter, der die Kollegin ermutigt, das Gespräch mit den Eltern eines schwierigen Schülers zu führen. Er sagt: Das haben viele vor Ihnen auch schon versucht. Er sagt aber nicht: Sie sehen, es hat keinen Sinn. Sondern: Probieren Sie es doch einmal ... vielleicht schaffen Sie's!« (EN) »Da ist die Frauenärztin aus Heidelberg, die im zerbombten Bosnien ein Refugium für vergewaltigte Frauen und deren Kinder errichtet. Sie verzweifelt schier am Ausmaß des Elends, das sie antrifft, aber sie gibt nicht auf, wirft das ihr *Mögliche* in die Waagschale der Hoffnung, bietet Untersuchung, Beratung, Anteilnahme.« (EG) »Da ist die Tochter, die die Mutter regelmäßig im Altersheim besucht und auf die Frage der Schwester, ob sie heute von ihrer Mutter erkannt wurde, nur antwortet: Nein, auch heute wieder nicht. Aber ich kann sie doch nicht einfach allenlassen.« (EG) »Da ist der ältere Herr, der regelmäßig in der Nachbarschaft läutet und fragt, ob er der schwer am Stock gehenden Frau etwas besorgen kann und der sich ohne Murren auch zweimal schicken läßt, wenn er etwas vergessen hat;

fröhlich hat er mir erzählt: Ich bin noch gut auf den Beinen. Warum soll ich, was ich tun kann, nicht tun?« (EN) »Da ist die Kirchenälteste, die mit allen anderen immer gut auskommen möchte und – trotzdem für die Ablösung der alten, wundgelaufenen Beratungs- und Entscheidungsfindungsformen im Presbyterium stimmt, weil sie spürt, daß das Propagieren der Ganzheit der Gemeinde das eine ist, das Denken und Tun der Ungeteiltheit aber das andere ...« (EN)

Dem Apostel geht es ums Ganze

Auffällig, wie sich die Sprache des Apostels in der Folge der Verse verändert! In Kapitel 1 fast hymnisch, Ende Kapitel 3 betend, dazwischen den Dialog mit dem Gesprächspartner, dem ein Licht aufgehen soll, suchend beginnt mit Kapitel 4 nach »demütig«-verhaltenem Auftakt ausgesprochenen begriffliche, substantivische Rede, ganz in der »Art eines Katechismus« (EG). Auf einmal treibt es den Apostel, nichts mehr auf sich beruhen zu lassen, sondern das ganze »geistliche Inventar der Gemeinde aus dem Vorrat zu holen und zur Disposition zu stellen« (EG): »Der Leib/»Der Geist«/»Die Hoffnung«/ »Der Herr«/»Der Glaube«/»Die Taufe«/»Gott«. Nichts wird ausgelassen, alles kommt in dieser Inventur noch einmal dran, muß sich neu bewerten lassen: *»Ein* Leib ... *ein* Geist ... *ein* Herr ... *eine* Taufe ...«

Seltsam: die Eucharistie, das Abendmahl fehlt in dieser Summa Theologica! (Was steckt dahinter? Einfach vergessen? Mit »Leib« mitgemeint? Ist daran zu denken, daß es Paulus-Gemeinden gegeben hat, in denen das Abendmahl/die Eucharistie in den Hintergrund geriet?)

EG/EN sehen in der »Katechismus-Sprache« des Apostels aber nicht nur ein rein äußerliches Phänomen: »Leistet Paulus mit der Zuspitzung seiner theologischen Argumentation nicht der Gefahr dogmatischer Verabsolutierung, religiöser Intoleranz, ja, des nicht mehr zu zügelnden Fanatismus Vorschub?« (EN) »Irgendwann ist aus solcherlei Absolutismus und Monopolismus, deren ›Knecht‹ man in der Tat dann nur noch sein kann, die Institution des römisch-katholischen Lehramts geworden, das Dogma auch von der Unfehlbarkeit des Papstes, das moralische Recht der mittelalterlichen Inquisition sodann, Menschen als Ketzer und Hexen zu verbrennen, Kriege gegen ›Ungläubige‹ zu führen, Juden niederzumachen und, bis in unsere modernen Zeiten hinein, sich selbst als Gottes Erste Wahl zu kennzeichnen ...« (EG) »Wenn der Islam den Kritiker Salman Rushdie nur tot ertragen kann, ist es ihm da nicht von der Kirche x-mal und immer wieder vorgemacht worden?« (EN)

Lange hat es gedauert, doch verborgen geblieben ist es den Lese-Gruppen am Ende nicht: Die Reihung der theologischen Begriffe geht über den *einen* Gott hinaus ... auf den *Vater* zu ... »Vater aller/über alle/durch alle/in allen« (4,6).

Wie das deuten? Nicht in der begrifflichen Definiertheit findet Gott zu seiner Wirklichkeit und Kraft, sondern in der Vielfalt und unendlichen Freiheit seiner Vater-Liebe. Hin möchte die in alles, in alle. Und dorthin zuallererst, wo es die Liebe am allerschwersten hat. Möchte dorthin aber nicht alleine, partnerlos, sondern indem sie sich ihresgleichen sucht. Möchte wirken, sich verschenken, sich multiplizieren »durch alle« ... denn der Frieden, in dem sich Fremde zu Nahen werden, Unversöhnte zu Versöhnten, ist ein weites Feld und ein Gutstück Arbeit noch!

Noch 'mal zurück zu Demut und Einigkeit im Geist
Nein, zu Konfirmismus, Uniformismus, Nichtunterschiedenheit, Profil- und Persönlichkeitslosigkeit will dieser »Geist«, der da seit Gottesgedenken unterwegs ist und in der Person des Nazareners sich seinen Kronzeugen, die Verkörperung seines Friedens, gesucht hat, *nicht* mahnen. Von alledem gab's einfach schon genug ... für den Schalom sehr zum Schaden! Zwischen Fernen und Nahen »den Zaun zu beseitigen«, in der Begegnung der Unterschiedenen das Gift zu beseitigen, die Angst vor dem Anderssein des anderen zu verringern, in der Andersheit des anderen die Chance erkennbar zu machen, einander zu schätzen, einander zu brauchen, einander zu inspirieren, einander zu ergänzen, ja, sich aneinander auch 'mal zu reiben, sich einander dann aber auch wieder zu verzeihen und weiterzugehen miteinander auf dem *einen* Weg durchs *eine* Leben. Um »versöhnte Unterschiedenheit« geht es dem »Geist«, der aus dem Vater kommt.
»Als der eine der Brüder, der alles verjubelt hat, nach Hause kommt, ist am Tisch des Wiedersehensfestes nicht nur für ihn Platz, der gefunden wurde, für den nicht minder, der gefunden immer schon war ...« (EG).

Zum Gottesdienst

Karl-Heinz Ronecker

Exegetisch-homiletische Skizze

1. Mit Epheser 4,1–6 beginnt der zweite Teil des Epheserbriefes. Bildet den Rahmen des ersten Hauptteils die Doxologie, »so wird der zweite Hauptteil von der Paränese bzw. Paraklese bestimmt«. (Hahn, GPM 38, 1984, S. 387).
2. Der Text selbst gliedert sich in zwei Abschnitte. Vers 1–3 formuliert die Paraklese. In Vers 4–6 finden sich zum Teil eigenständig wiedergegebene Stücke aus der liturgischen bzw. katechetischen Tradition (Schlier, Schnackenburg).
3. Es fallen einige sprachliche Interessantheiten auf.
   V. 1 wird vom Wortstamm »rufen, berufen« bestimmt. (Parakalo, Paraklesis, Ekletete). Man könnte ihn etwas frei übersetzen: »So rufe ich euch

nun auf, der Berufung entsprechend zu leben, mit der Gott euch gerufen hat.« In V. 2 und 3 finden sich je zwei präpositionale Wendungen (*in* aller Demut und Sanftmut, *in* Langmut) und zwei Partizipialsätze (als solche, die einander in Liebe aushalten - als solche, die sich dafür einsetzen, die Einheit zu wahren).

4. Erweitert wird der erste Satz durch das Wörtchen »nun«, sowie durch den Hinweis auf die Gefangenschaft des Apostels.
a) Das »nun« verbindet alles, was danach folgt, mit dem zuvor Gesagten. Die Gemeinde ist Christi Leib, »die Fülle des, der alles in allem erfüllt (1,23). Erde und Himmel (1,21), Heiden und Juden (2,11-22), Gott und Mensch (3,14-19) - alles wird umgriffen und zur einenden Ganzheit gefügt ...« (W. Gräb Pr. St. VI, 2 1990, S. 220)
b) Die Erwähnung der Gefangenschaft des Apostels will deutlich machen, daß hier einer redet, der sich seine Worte etwas hat kosten lassen. Auch dem Prediger muß abzunehmen sein, daß er sein Leben unter die Ermahnung stellt, die er anderen zumutet (Bukowski GPM 44, 1990, S. 415).
5. Vers 4–6 wird durchzogen von dem siebenmaligen Wörtchen »ein«. Ob es sich dabei um liturgische oder katechetische Formeln handelt, muß offen bleiben. Ich jedenfalls kann mir sehr gut vorstellen, daß am Ende eines Taufgottesdienstes der Ruf laut wurde: »Ein Herr, ein Glaube, eine Taufe.« Auch hier findet sich ein Einschub: Die glatte Folge der Formeln, ein Leib, ein Geist, wird erweitert durch »wie ihr auch gerufen seid zu einer Hoffnung«.
Nicht nur die Herkunft der Gemeinde ruft diese zur Einheit, sondern auch die gemeinsame Zukunft. Um einen Satz Exupérys anzuwandeln: »Die Einheit besteht nicht nur darin, daß man sich gegenseitig ansieht, sondern daß man gemeinsam in die gleiche Richtung schaut.«
6. Die Komposition der Verse 4,1ff. und ein Vergleich mit der Parallele in Kolosser 3 zeigt, wie sehr dem Schreiber des Epheserbriefes die Einheit der Kirche am Herzen liegt. In den Kapiteln 4 bis 6 spricht er eine Vielzahl menschlicher Erfahrungen an. Aber er setzt ein mit der Einheit der Gemeinde. Diese ist nicht in erster Linie wichtig, weil die uneine Kirche an Wirkung verliert, sondern weil sie der Wirklichkeit Gottes widerspricht. Darum erinnert der Text an das Handeln dieses Gottes (Vers 1). Er spricht von dem, was die Einheit hindert bzw. fördert (Vers 2 und 3) und feiert in geprägten Formeln den Grund der Einheit (4 bis 6).
7. Die heutige Gemeinde, wie vermutlich der Prediger selbst, hört das Wort Einheit mit zwiespältigen Gefühlen. Auf der einen Seite fürchten wir, der Aufruf zur Einheit könne zur Verbreitung des Mittelmaßes (Einheitsbrei) dienen oder gar zum Instrument obrigkeitsdienlicher Disziplinierung (»sich einfügen«) werden.
Auf der anderen Seite sind wir voller Sehnsucht nach der Versöhnung der Gegensätze, nach einem Ende des Streits. Nicht umsonst spielt das

Wort »Vernetzung« in Kirche und Gesellschaft eine, wenn ich recht sehe, wachsende Rolle.
Da wird die Beobachtung F. Hahns wichtig, daß unser Text zwar auf vorgegebene Bekenntnisformeln verweist, diese aber selbständig formuliert. Der Friede, von dem in V. 3 gesprochen wird, meint keine Vereinheitlichung, sondern die Atmosphäre, in der der Einzelne gedeihen kann.

Vorschläge zur Liturgie

Eingangspsalm
Philipper 2,5–11

Lieder
»Nun jauchzt dem Herren alle Welt« (EG 288,1.2.6.); Freut euch, wir sind Gottes Volk« (Anhang 77, 825); »Vater unser im Himmelreich« (EG 344,1.6.9.) oder »Herz und Herz vereint zusammen« (EG 251,1.3.6.7.); »Komm, Herr, segne uns« (EG 170)

Bußgebet
Gott, wir bitten dich um Verzeihung für alles, was unter uns geschehen ist: für die Kriege, die Gewalttaten, an denen auch die beteiligt waren, die deinen Namen tragen. Wir bringen die Feindseligkeit vor dich, in der Christen einander begegnet sind, alle Spaltungen, durch die wir deinen Namen geschändet haben. Vergib uns die Worte, mit denen wir andere verletzt haben, die Lieblosigkeit, durch die wir sie allein ließen, alles, was wir ihnen schuldig geblieben sind. Wir sind dein Friede nicht in dieser Welt. Wir sind dein Heil und deine Hilfe nicht für die verstörten und gebrochenen Menschen, denn wir sind oft verstört und wissen nicht weiter. Komm zu uns, Herr, hilft uns, neu zu denken und neu zu handeln. Erbarme dich.
(Materialsammlung der Badischen Landeskirche für Gottesdienste in neuer Gestalt.)

Fürbittgebet
Gib uns, Gott, deinen Heiligen Geist. Heile die Zerrissenheit in deiner Kirche / heile die Zerrissenheit in deiner Welt / schaffe du die gute Atmosphäre / in der Menschen / wieder miteinander lachen und singen können / trauern und weinen / leben und sterben / in der Widerworte zu gemeinsamen Worten werden / in der Widersprüche das gemeinsame Wachsen und Reifen fördern / in der Widerstände gemeinsames Lernen ermöglichen / Heile du, Gott, die Gemeinschaft, die zwischen uns Menschen, den Pflanzen und Tieren, den Landschaften und Gewässern zerbrochen ist / heile die Gemeinschaft, die zwischen Armen und Reichen /

Gesunden und Kranken / Alten und Jungen / zerstört ist. Gott, Heiliger Geist / erwecke unser totes, verkümmertes Leben, durchdringe uns / wandle uns.

(Mit Genehmigung des Radius Verlags entnommen aus: Klaus Bannach, Gebete der Stille. Radius-Verlag, Stuttgart 1979)

Zur Predigt

Möglicher Anfang

Einheit? Welche Gefühle ruft dieses Wort in Ihnen hervor?

Ich könnte mir vorstellen, daß es zwiespältige sind.

Es kann einer von der Einheit reden und damit seine Untergebenen disziplinieren wollen. »Wir müssen eins sein«, heißt dann: »Ihr habt zu gehorchen.« Eigene Meinungen sind nicht gefragt, Originalität noch weniger. Es darf keine abweichenden Vorstellungen und keine Konflikte geben.

Hier ist das Wort von der Einheit zu einem Instrument geworden, das alles grau in grau werden läßt.

»Es zieht sich der Schleim der Einheit über alles«, habe ich dieser Tage gelesen. Sie spüren schon an der Wortwahl, wie ekelhaft einem der Zwang zur Einheit werden kann.

Dafür gibt es Gründe. »Ein Volk, ein Reich, ein Führer«, hat man in unseligen Zeiten bei uns in Deutschland gerufen. Wir wissen, was dabei herauskam. Weh dem, der anders war oder auch nur als anders bezeichnet wurde.

Dennoch erweckt das Wort »Einheit« auch ein ganz anderes Echo.

»Es ist nötig, von der Einheit zu reden«, sagte neulich jemand, »weil es so viel Uneinigkeit in dieser Welt gibt.«

Man muß nur ins Fernsehen oder in die Zeitung schauen. Es ist fast ausschließlich von Widersprüchen und Streit die Rede. Da stehen Russen gegen Tschetschenen, Palästinenser gegen Israelis, Hutus gegen Tutsis, Serben gegen Kroaten, spanische Fischer gegen englische Fischer, Fundamentalisten gegen Säkulare, Gläubige gegen Ungläubige ...

Es stehen aber immer wieder auch die Menschen gegen die Natur. Und es stehen Christen gegen Christen, Kirchen gegen Kirchen.

Gerade im Blick auf unseren Text hat mich sehr getroffen, was ich bei einer Gemeindekonferenz in Ägypten erfuhr. Wenn Protestanten koptische Orthodoxe heiraten wollen, müssen sie sich erneut taufen lassen. Da heißt es also vielleicht noch »ein Herr«, aber ganz gewiß nicht »ein Glaube« oder gar »eine Taufe«.

Das erinnert mich an die Erfahrung, die ein Kollege in seinem badischen Dorf gemacht hat. Auf die Frage, warum es bei den Nachbarn so laut zugegangen sei, erhielt er die Antwort, der Sohn wolle ein katholisches Mädchen heiraten. Dafür habe er vom Vater evangelische Ohrfeigen erhalten. Zugegeben, das war vor mehr als 30 Jahren. Es kommt jedoch noch immer vor, daß wir einander unsere Meinungen um die Ohren schlagen. Es gibt papierne Ohrfeigen und verbale Ohrfeigen. Es geschieht ebenfalls, daß wir mit einem spitzen Lächeln dem anderen unsere Verachtung ins Gesicht hauen.

Zum Fortgang
Darum ist der heutige Predigttext, bei allem zeitlichen Abstand, gar nicht so weit von uns entfernt.
- Dem Apostel liegt die Einheit sehr am Herzen. Er wird später in seinem Brief von ganz anderen und für uns möglicherweise aktuelleren Bereichen des christlichen Lebens sprechen: von Ehe und Familie, von der Arbeit, vom Geld. Allem voran aber redet er von der Einheit, als ob sie der Testfall des Glaubens wäre. Das tut er gleich siebenmal. Mehr geht gar nicht.
- Die Einheit der Kirche, so sagt er, muß nicht von uns hergestellt werden. Sie besteht schon längst in dem einen Gott, der uns seine ungeteilte Liebe schenkt.
Unsere Uneinigkeit behindert also nicht allein unsere Wirksamkeit. Sie entfernt uns von der Wirklichkeit Gottes.
- Der Text enthält Sätze, die zum Grundbekenntnis der frühen Christenheit gehören. Möglicherweise erklang nach der Taufe an etlichen Orten der Ruf: »Ein Herr, ein Glaube, eine Taufe.« Damit vergewisserte man sich des Bürgerrechtes in Gottes Volk. »Ja, wir gehören dazu. Und wir gehören zusammen.«
- Die Einheit soll allerdings nicht nur proklamiert, sie soll gelebt werden. Deshalb geht der Apostel auch auf das ein, was die Gemeinschaft behindert und was ihr hilft.
Dabei fallen drei Worte. Die sind in der deutschen Sprache mit dem Wörtchen Mut verbunden. Dien-mut, Sanft-mut, Lang-mut.
Und tatsächlich. Es gehört Mut dazu, nicht immer alles besser wissen zu wollen, sondern zuzugeben, daß auch die anderen recht haben können. Es gehört Mut dazu, Beleidigungen nicht mit gleicher Münze zurückzuzahlen, auf einen groben Klotz nicht sofort einen groben Keil zu setzen, sondern auch mit schwierigen Menschen behutsam umzugehen. Klar zu sein und doch nicht verletzend.
Es braucht ebenfalls Mut, einem anderen zu widersprechen und ihn doch nicht aufzugeben, sondern ihm Zeit zu lassen. Zeit, sich zu erklären, Zeit, zu sich zu kommen, Zeit, sich zu wandeln.
- Da kann es schon geschehen, daß wir einander als Last empfinden. Die Einheit der Gemeinde hat mit Arbeit und mit Leiden zu tun. Aber ebenso mit Reichtum. (s. Bonhoeffer)
- In der christlichen Gemeinde ist es gegenwärtig ein wenig Mode geworden zu fragen: »Wie gehen wir miteinander um? Was machst du mit mir? Was mache ich mit dir?« Das sind wichtige Fragen. Sie können gerade für den, der sie ernsthaft stellt, jedoch auch lähmend werden. Da ist es gut zu wissen, daß die Liebe - auch die Nächstenliebe - nicht nur darin besteht,

einander anzuschauen. Zu ihr gehört noch viel mehr, daß man gemeinsam in die gleiche Richtung sieht. Von einem Chorleiter habe ich gehört, er habe zuweilen Chormitglieder, die sich schlecht miteinander vertrugen, aus ein und demselben Notenblatt singen lassen. Dabei hat er die Erfahrung gemacht, daß die gemeinsame Aufgabe und der Blick auf die eine Vorlage, Entzweite zusammenführen kann.

Möglicher Schluß
Ein Mann besaß ein Cello mit einer Saite. Stundenlang führte er den Bogen über sie, wobei er den Finger immer an der gleichen Stelle hielt. Seine Freunde hielten das nicht mehr aus. Behutsam sagten sie, bei anderen habe das Instrument vier Saiten. Die Spieler würden zudem die Finger ständig hin und her bewegen. Er aber schüttelte den Kopf. Dann gab er zur Antwort: »Natürlich bewegen die anderen ihre Finger. Sie suchen die richtige Stelle. Ich habe sie gefunden.«
Die eine Wahrheit, von der die Bibel redet, ist nicht in dieser Weise monoton. Sie kennt mehrere Farben. Ihre Harmonie besteht aus vielen Tönen. Auch das wird in unserem Predigttext sichtbar. In ihm werden Bekenntnisse der frühen Christenheit zitiert, Teile des gemeinsamen Glaubensgutes. So stark die inhaltlichen Parallelen jedoch sind, so eigenständig sind zugleich die Formulierungen.
Einheit heißt für die Bibel nämlich nicht Einheitlichkeit, sondern Übereinstimmung in der Vielfalt. Es ist ja auch Christi Leib kein unförmiger Einheitskoloß. Er besteht aus vielen Gliedern, die durch Sehnen und Gelenke, aber ebenfalls durch den gleichen Blutkreislauf und die nämlichen Nervenstränge miteinander verbunden sind ...
So ist auch die Kirche kein perfekt funktionierender Apparat. Sie ist ein lebendiger Organismus, dessen Einheit die Vielfalt menschlicher Meinungen und menschlicher Typen einschließt ...
Einheit ... es geht dabei um etwas, das für die Zukunft des Lebens sehr wichtig ist. Darum könnte es gerade zur Zeit eine der dringenden Aufgaben der christlichen Gemeinde sein, von der Einheit zu reden. Nein, nicht nur davon zu reden, sondern noch viel mehr, sie zu leben.
Der Friede Gottes aber, der höher ist als alle Vernunft bewahre auch unsere Herzen und Sinne in Christus Jesus.

Kontexte

Zum Stichwort »Einheit«
»Die apostolische Paraklese beginnt in unserem Brief damit, daß Paulus die Glieder der kleinen, fernen und unbekannten Gemeinden ... daraufhin anspricht, die Einheit der Kirche zu wahren. Dabei hat man nicht den Eindruck, daß in diesen Gemeinden selbst die Gefahr einer Spaltung vorliege ... handelt es sich aber nicht um eine situationsbedingte, sondern grundsätzliche Mahnung zur Einheit der Kir-

che, so ist es umso bedeutsamer, daß sie allen anderen Mahnungen vorangeht. Offenbar hat diese Frage für den Apostel jetzt einen sachlichen Vorrang. Die mangelnde oder gar zerstörte Einheit der Kirche ist für diese eine größere Not, als etwa die mangelnde oder zeitweise und teilweise erloschene Heiligkeit ...« (H. Schlier, Der Brief an die Epheser, Düsseldorf 1968, S. 178)

»Ein Volk, ein Reich, ein Führer – haben vor einem halben Jahrhundert fanatisierte Volksmassen auf nationalsozialistischen Parteitagen gerufen ... mit Recht sind wir gegen jede Beschwörung von Einheit allergisch: bei Politikern und Kirchenleuten. Wir machen die Erfahrung, daß die Einheit immer dann gefeiert wird, wenn andere Menschen ausgeschlossen und Gegensätze im Interesse kleiner Gruppen in Harmonien aufgelöst werden sollen.« (Christoph Bizer Pr. St. VI, 2 1990, S. 224)

Wir brauchen uns nur einmal vorzustellen, daß Glieder jener Gemeinde, die Matthäus in seinem Evangelium ansprechen wollte, mit Gliedern einer der Gemeinden zusammengetroffen wären, an welche die johanneischen Schriften adressiert sind. Beide Gruppen wären sich darin einig gewesen, von Gott durch Christus gerettet zu sein. Doch wenn sie dann begonnen hätten, einander zu erklären, wie diese Rettung zu verstehen sei, würde sich ihnen wohl schnell ein Fremdheitsgefühl aufgedrückt haben, als lebten sie in geistig verschiedenen Welten. Verschiedene Gruppen innerhalb der einen Kirche gab es auch damals schon. Nur daß die neutestamentlichen Schriftsteller nicht die geringsten Bedenken hatten, einer jeden die frohe Botschaft in jenen Vorstellungskreisen zu transponieren, die ihr Denken prägte. (Thomas Sartori zitiert nach Rotenberg, Christ sein heute und morgen, Konstanz 1981, S. 83)

Zu den Stichworten »Demut, Sanftmut, Langmut«
Ich glaube, / daß das Sanfte stärker ist als das Harte. / Ich glaube, / daß die Erde der Sanften bedarf. / Ich glaube, daß die wahre Revolution / die Wandlung zum Sanften sein wird. / Ich glaube, / daß die Sanftheit keine Sache der Geburt, / sondern des Mutes ist. / Ich glaube, / daß Gott sich als der unbedingte Grund des Sanften erweist. (Wolfgang Dietrich »Vom Mut sanft zu sein«, © Verlag am Eschbach/Markgräferland 1983)

Ihr hört, daß gesagt wird: // Gelobt sei, was hart macht. / Gebt euch brutal. / Setzt euch rücksichtslos durch. / Ich aber sage euch: / Gelobt sei, was zart macht. / Die Sanften siegen. Haltet einander unverletzt.
(Wolfgang Dietrich, a. a. O.)

Als die Verhärteten / und doch sanft / Als die Gereizten / und doch mild. / Als die Unleidlichen / und doch zugetan. / Wir verletzen einander / und leiden daran. / Wir sind ungerecht / und ersehnen Gerechtigkeit .../ Im Panzer des Ungerührten / siehe: empfindsam. / Im Mantel der Abweisung / siehe: zugeneigt. / In der Maske des Feindes / siehe: der Freund.
(Wolfgang Dietrich, a. a. O.)

»Daß das weiche Wasser in Bewegung / mit der Zeit den mächtigen Stein besiegt. / Du verstehst, das Harte unterliegt.« (Bert Brecht Gesammelte Werke, Frankfurt 1973, 9, S. 661)

Zum Stichwort »einander annehmen«
»Gott hat den andern nicht gemacht, wie ich ihn gemacht hätte. Er hat ihn mir nicht zum Bruder gegeben, damit ich ihn beherrsche, sondern damit ich über ihm den Schöpfer finde ... Gott will nicht, daß ich den Andern nach dem Bilde forme, das mir gut erscheint, also nach meinem eigenen Bilde, sondern in seiner Freiheit von mir hat Gott den andern zu seinem Ebenbild gemacht ... Nur als Last ist der andere wirklich Bruder und nicht beherrschtes Objekt.« (Dietrich Bonhoeffer, © Chr. Kaiser/ Gütersloher Verlagshaus, München)

Erntedankfest

Annäherungen an den Predigttext Hebräer 13,15-16

Gisela Arp-Kaschel

Spontane Assoziationsrunde zum Text:
Wenn man reichlich hat, soll man also reichlich abgeben dem, der nichts hat. -- Da würde ich das Wort ›reichlich‹ gerne streichen, denn wenn ich reichlich hab', kann ich gut abgeben. -- Ja genau, sonst fällt einem das viel schwerer. -- Also meine Erfahrungen bei der Grabpflege auf dem Friedhof ist: die da wenig haben, bei denen kriegt man am meisten; die da viel haben, bei denen kriegt man nichts. -- Ich glaube, Gott kann unser Erntedankfest gar nicht so gut gefallen, weil, das wird einmal im Jahr so hochgeputscht, und die Realität ist ganz anders. -- Ich habe Vers 15 noch nicht verstanden. -- Das ist schon eine Aufforderung da in dem Text; ob die mir paßt, weiß ich nicht. -- Das Geben ist aber sehr schwierig! Spontanes Geben muß überlegt sein, sonst richtet man Schaden an. Außerdem, wenn das, was man gegeben hat, nicht an der richtigen Stelle ankommt, dann ist man traurig. -- Gefordertes Geben ist nicht freiwillig. -- Da steht ja gar nicht drin, daß man selbst nicht leer bleibt, wenn man etwas gibt. -- Teilen sollen wir, wirklich teilen; nicht nur abgeben von dem, was wir zuviel haben. -- Abgeben kann man auch mit Worten und mit Ratschlägen; und indem man sich selbst einsetzt in Gesprächen z. B., nicht immer nur materiell.

Was ist uns wichtig an diesem Text?
Vers 15 ist schwierig. Aber ›Frucht der Lippen‹, das meint ja wohl, was ich mit dem Mund sage. Oder wenn ich singe, Loblieder z. B., davon gibt es eine Menge im Gesangbuch, z. B. ›Lobet und preiset den Herrn‹. Oder wenn ich bete, und wenn ich mich zu meinem Glauben bekenne vor anderen. All dies kommt im Gottesdienst vor. Diesen Text kann man gut teilen in Taten (V. 16) und Worte (V. 15). Das hat etwas mit Vorbildhaftigkeit zu tun, besonders bei den Taten. Worte und Taten können ja weit auseinanderklaffen: mancher hat viele gute Worte, aber keine Taten; oder einer redet so und denkt im Herzen anders. Den Text kann man erst teilen und muß ihn dann wieder zusammenfügen, weil Worte und Taten ja zusammengehören, so wie Fürbitte und Kollektengeld in jedem Gottes-

dienst. -- Vers 16 ist klar: das ist das Teilen! Alle reden von teilen, die da oben und wir auch. Teilen ist ein sehr strapaziertes Wort im Moment. Besonders das Teilen von Arbeit ist schwierig, das Teilen zwischen denen, die Arbeit haben und denen, die keine Arbeit haben. Arbeit ist nicht mehr selbstverständlich, und das sieht in zwei Jahren, 1996, vielleicht noch viel schlimmer aus als heute.

Was ist uns unklar an diesem Text? Worüber wüßten wir gerne mehr?
Was ist eigentlich ein Lobopfer? Das Wort kann man auseinandernehmen in ›Lob‹ und ›Opfer‹. Aber Gott loben und danken ist kein Opfer! Das Wort ›Opfer‹ ist hier nicht so ganz passend; das hört sich so an, als ob ein Lamm geschlachtet wird. Opfer ist doch eher, bei Kindern z. B., wenn sie etwas hergeben, was sie behalten möchten. Oder wenn man etwas Schönes für den anderen kauft, sich selber aber nichts. Ein echtes Opfer ist, wenn ich ein neues Fahrrad habe und einer hat keins, einer von den Asylbewerbern hier z. B., und ich gebe ihm mein neues und behalte mein altes - aber das macht man doch nicht. Zeit opfern kann man auch, den Kindern z. B. - man stellt sich selbst zurück, auch wenn es manchmal weh tut. Man opfert sich auf für seine Familie - aber das ist heute nicht mehr so gut angesehen. Opfer, das sind Taten: da bringt man etwas oder gibt etwas weg. Früher haben sie den Zehnten gegeben, bei Mose. Heute geben wir 9% der Lohnsteuer. Und das, was wir in der Kirche in den ›Opferstock‹ tun - aber das steht bei uns nicht mehr so im Zentrum, eher der Dank. Das erste Opfer, das hat doch Noah gebracht, nach der Sintflut, als sie aus der Arche kamen. Und dann war Abraham mit seinem Sohn, mit Isaak, er nahm dann aber einen Widder. Dann war da noch der Streit um den Rauch, bei Kain und Abel; der eine opferte Tiere, der andere Feldfrüchte. Aber dieses Opfer, das steht hier irgendwie quer im Text. Und mir steht es quer im Hals wie ein Hühnerknochen! Ich sehe da keinen Sinn drin, was soll das, so ein Tier zu schlachten? Was soll das bringen? Das ist doch sinnlos. Da haben die aber früher einen Sinn drin gesehen, sonst hätten sie's ja nicht gemacht. Für uns heute ist das eben anders. Da wüßte ich gerne mehr drüber, über den Sinn von Opfern. Im Neuen Testament gibt es doch auch Opfer: da ist die alte Frau mit ihrem Sparstrumpf, von der Jesus sagt, daß sie alles gegeben hat und nicht nur von ihrem Überfluß, so wie wir. Im Neuen Testament gibt es auch die Geschichte von dem, der zu einem großen Fest einlädt, und alle lehnen die Einladung ab, weil sie keine Zeit haben. Die wollen alle keine Zeit opfern. Das paßt in unsere Zeit. Ja wirklich, es ist oft viel wichtiger, mit der Nachbarin eine Tasse Kaffee zu trinken und zu sprechen, bügeln kann man auch abends. Was machen wir denn eigentlich Erntedank? Wir schleppen die ganzen Früchte in die Kirche, und nachher weiß keiner, wohin damit. Wirklich gebraucht werden sie weder im Kindergarten noch im Altersheim. Es haben doch alle genug! Naja, der Schmuck, das ist 'was fürs Auge, aber das Wesentliche ist das nicht. Diese Früchte sind ja auch mehr ein Dank und

kein Opfer. Opfer, das klingt tatsächlich, als ob ein Lamm geschlachtet wird - wird Christus nicht auch Lamm Gottes genannt? Ist das nicht beim Abendmahl so gedacht? Aber Abendmahl, das ist für mich kein Opfer - das ist Erinnerung, Zugehörigkeit, Vergebung, Stärkung, aber bestimmt kein Opfer. Aber ich bringe etwas hin und kriege etwas: ich kann Gott die Lasten aufbürden, an denen ich nichts ändern kann, die leg' ich am Altar ab, und Brot und Wein, die nehme ich mit. Gott trägt meine Lasten, oder? Wenn ich im Gottesdienst zum Abendmahl gehe, bin ich ganz allein auf dem Weg zu Gott. Beten und Singen und Bekennen ist immer in der Gemeinschaft, da sitze ich in der Bank neben den anderen. Aber wenn ich aufstehe und nach vorne gehe zum Abendmahl, dann verlasse ich diese Gemeinschaft, dann bin ich kein Mitläufer mehr, dann laufe ich allein - und dazu gehört manchmal viel Mut! Ich komme Gott ein Stück entgegen - ob er mich dann abholt, das weiß ich noch nicht. Vorne am Altar ist ja auch eine Gemeinschaft, eine neue, eine andere, es ist eine ganz andere Stimmung da vorne! Eine schöne Stimmung, finde ich. Wenn ich zum Abendmahl gehe, dann ist das, glaube ich, mein Lobopfer, das sehe ich als Bekenntnis! Das Abendmahl ist eine heilige Handlung, genau wie das Opfer früher, denke ich jetzt.

Ist dieser Text unser Wunschtext zum Erntedankfest?
Nein, da gibt es schönere. Klarere vor allem, verständlichere. Aber wenn man ihn so genau betrachtet, kann er doch zu Erntedank passen.

Was ist uns ganz wichtig am Erntedankfest?
Säen und Ernten, Geben und Nehmen! In meiner Kindheit war das so schön mit dem Ernten, bis zum 1. September war alles abgeerntet. Es war einfach schön. Man darf gar nicht so viel darüber nachdenken! -- Das Zwiegespräch mit Gott ist mir wichtig, ihm danken für ein gutes Jahr, und ihn bitten für andere. -- Ich danke für das Wachsen und Ernten, für jeden Tag und für jedes Erlebnis. Das steht so schön in diesem Danke-Lied: danke, daß ich danken kann. -- Mir ist der Dank für gutes menschliches Miteinander und für die Entwicklung der Kinder wichtig. -- Danken sollte man möglichst oft, nicht nur einmal im Jahr. Und Erntedank ist auch nicht nur was für Landwirte. Früher, ja da waren alle mit der Ernte beschäftigt, da war Ernte eine spannende Sache. Heute kommen große Maschinen, reißen alles 'raus, und alle spielen verrückt. -- In ein paar Jahren wird unsere Ernte vielleicht gar nicht mehr gebraucht. Egal, ob 20 Doppelzentner oder 100 - haben will das doch keiner! Alles nur Überfluß! -- Aber laß mal schlechtere Zeiten kommen - dann werden wir das, was wir ernten, bitter nötig haben.

Mitglieder des Kirchenvorstands Esgrus (Ingried Clausen, Walter Hansen, Martha Johannsen, Angelika Lüthje, Dorothea Nissen, Mariechen Ossipow, Peter H. Thiesen, Anita Treede, Gisela Arp-Kaschel)

Zum Gottesdienst

Wolfgang Roth

Theologisch-homiletische Skizze

Wie oft und wie sehr ich es auch versuche, zwischen dem Predigttext, dem Kasus Erntedankfest und meiner Klinikgemeinde den roten Homiletikfaden zu finden - es will mir nicht gelingen! Weder das 13. Kapitel »Letzte Ermahnungen« noch die Hohepriesterchristologie mit ihrer Sühneopfertheologie lassen sich in Verbindung zu meinen Bildern, Erinnerungen, Gedanken, Fragen und Gefühlen im Blick auf den Gottesdienst am Erntedankfest bringen.
Selten habe ich stärker den Druck empfunden, zwischen einer »Textpredigt« und einer »Kasuspredigt« entscheiden zu müssen. Gehe ich allein vom Text aus, weiß ich nicht, wie ich und ob ich zum Erntedankfest komme. Setze ich beim Erntedankfest ein, ist es mir zunächst fraglich, ob ich den Text noch brauche. Ich werde vom Erntedankfest ausgehen und sehen, ob sich beim Schreiben der Predigttext zu Wort meldet. Wenn es einen Bezug zwischen Situation und Text gibt, wird er sich rechtzeitig einmischen, davon bin ich überzeugt.
Wäre ich Gemeindepfarrer, würde ich wahrscheinlich einen anderen Bibeltext einer Kurzpredigt zugrundelegen. Denn dann wäre ja vermutlich der Gottesdienst von Kindern, von Konfirmanden oder anderen Gemeindegruppen mitgestaltet. Das ist eben das schwer auflösbare Spannungsverhältnis zwischen der schon vorhandenen prall gefüllten Sinnlichkeit dieses Festes und der nüchtern-spröden Theologie dieser Verse, die nicht das Herz des Hörers berührt, sondern seinen Kopf beansprucht.
Die Menschen, die am Erntedankfest die Kirche besuchen, wollen etwas sehen. Und schön wie selten ist die Kirche ja auch geschmückt an diesem Tag. Da ist bunte Vielfalt und Fülle um den Altar. - Wenn es da von der hohen Kanzel bloß keine farblose, ausgetrocknete, »unreife« Theologie herunterpredigt! Die Menschen, die am Erntedankfest den Gottesdienst besuchen, wollen auch etwas hören. Doch es muß zu dem, was sie zuerst gesehen haben, passen. Sonst stimmt für sie der Gottesdienst nicht. Wenn sie die Fülle sehen, um dann mit Appellen oder Christologie, mit Ökologie oder Ökonomie ermahnt, belehrt, korrigiert zu werden, werden sie mit unguten Gefühlen die Kirche verlassen, und, was das Schlimme ist, nicht einmal wissen, warum. Sie werden vielleicht denken: Christsein heißt, beim Anblick der Erntefrüchte eines Jahres ein schlechtes Gewissen bekommen zu müssen, sich theologische oder gesellschaftspolitische Gedanken machen zu müssen.
Manche, nicht nur kranke Menschen, werden in gar keiner Erntedankstimmung sein und dennoch oder gerade deshalb den Gottesdienst besuchen.

Vielleicht trifft für sie zu, was Lothar Zenetti schrieb: »Es ist jetzt nicht die Zeit, um zu ernten. / Es ist auch nicht die Zeit, um zu säen. / An uns ist es, in winterlicher Zeit uns / eng um das Feuer zu scharen / und den gefrorenen Acker / in Treue geduldig zu hüten. / Andere vor uns haben gesät. / Andere nach uns werden ernten. / An uns ist es, in Kälte und Dunkelheit / beieinander zu bleiben und, / während es schneit, unentwegt / wachzuhalten die Hoffnung. / Das ist es. / Das ist uns aufgegeben / in winterlicher Zeit.« (in: ›Für jeden neuen Tag, Heft 21, hrsg. v. Arbeitsgemeinschaft Missionarischer Dienste, Stuttgart 1992, S. 17)
Was ist denn für uns, die wir den unmittelbaren Bezug zum Säen und Ernten verloren haben, die Ernte dieses Jahres? – Wo holen wir die Garben her, wie sehen sie aus? Und was ist mit den Menschen, die beim besten Willen keine »Früchte« auf ihren inneren Altar legen können, weil sie diesmal nichts bekommen haben, eher einiges genommen bekamen?
Seelsorgerliche Predigt hat auch am Erntedankfest die Ambivalenz des Lebens, das Gewinnen und Verlieren, die Fülle und die Leere, die Gottesgaben und die Lebensopfer zum Thema. Gerade wenn kein Familiengottesdienst geplant ist, vermag man ja in einer den Früchten dieses Jahres nachdenkenden Predigt dieser Ambivalenz, die in jedem ist, nachzuspüren. Die Patienten der Psychiatrie, denen ich predigen werde, empfinden diese Spannung oft bis zum Zerreißen in sich: Sie schauen die reiche, bunte Früchtefülle an, doch sie können sie nicht spüren, weil in ihnen noch oder schon »Winter« ist. Sie sollen dennoch mit ihrem Erleben und Erleiden vorkommen in diesem Gottesdienst. Auch außerhalb unserer Klinikgottesdienste werden Menschen mit derart inneren Spannungen sitzen.
Der Predigttext kann uns helfen, von den Lebensopfern zum Lob- und Dankopfer zu gelangen. Und er läßt uns fragen, was für uns miteinander teilen heißen kann.

Vorschläge zur Liturgie

Begrüßung
Mehr als sonst sehen wir heute bunte Vielfalt um den Altar. Mehr als sonst sind heute unsere Sinne, unser Leib und unsere Seele, angesprochen. – Wir schauen auf die Früchte unseres Jahres. Wir freuen uns, wir staunen, wir werden vielleicht auch still und nachdenklich. Was immer wir jetzt sehen, denken, fühlen – es hat Raum in diesem Gottesdienst. Wir feiern heute in besonderer Weise unser Leben. Wir feiern Erntedankfest im Namen des Vaters und des Sohnes und des Heiligen Geistes. Amen

Psalm und Gloria
Eingangspsalm 104, EG 760 im Wechsel gesprochen.
Unmittelbar anschließend das Gloria patri, EG 177,2.

Eingangsgebet
Herr, du Geber aller guten Gaben,
voll Freude und Dank versammeln wir uns
in deinem Haus am Morgen dieses Tages.
Sammle du uns nun in deine Gegenwart,
daß wir stille werden
und deinen Reichtum spüren,
von dem wir leben
an Leib und Seele.
Öffne unsere Herzen für die Bilder
deiner Lebensfülle
und für dein Wort,
das stärkt und tröstet
und ermutigt.
Amen.

Schriftlesung
Jesaja 58,7–12. Daran läßt sich gut das Lied: »Brich mit den Hungrigen dein Brot«, EG 420, anschließen.

Weitere Lieder
»Ich singe dir mit Herz und Mund«, EG 324; »Nun preiset alle Gottes Barmherzigkeit«, EG 502; »Wenn ich, o Schöpfer, deine Macht«, EG 506; zum Ausklingen: »Wir pflügen und wir streuen«, EG 508.

Hinführung zum Abendmahl
Für das Brot und den Rebensaft,
für jede gute Gabe und jedes gute Wort
wollen wir Gott loben und ihm danken an diesem Tag.

Nun lädt er uns an seinen Tisch,
daß wir die Fülle sehen und schmecken
und davon leben.
Im Abendmahl lädt er uns ein,
teilt er uns aus
Nahrung für Leib und Seele.

Darum laßt uns in Ehrfurcht vor ihn treten,
unsere Gedanken und Gefühle sammeln
und zu ihm beten:

Gebet vor dem Abendmahl
Herr, Schöpfer der Erde,
Herr dieser Welt und unser lieber Vater,
wir kommen hungrig und durstig

und dennoch blind für die vielen guten Gaben
deiner Schöpfung
her zu deinem Tisch.
Wie oft sind wir gleichgültig und gedankenlos,
als sei es kein Wunder,
daß wir trotz aller Gefährdungen von innen und von außen
täglich unsere Nahrung essen und trinken können.
Wie oft bleiben wir ganz in uns versunken und verstrickt,
wagen den Blick über uns hinaus kaum
und sehen einander nicht.
Weil unser Leid groß ist, denken wir oft nur an uns
und lassen den kranken Nachbarn an unserer Seite allein,
teilen das Leben nicht miteinander,
haben kein Ohr, keine Zeit, kein Interesse aneinander.

Dies und viel mehr noch tut uns von Herzen leid
und in tiefer Reue bitten wir dich: Vergib!
Gib Augen, die deine gute Schöpfung sehen können
und eine Stimme, mit der wir dich bekennen
und loben können.
Amen.

Ist dies auch euer Gebet und Bekenntnis
und sehnt ihr euch mit mir nach Erlösung durch Gott
zu einem Leben in Gemeinschaft, / so antwortet: Ja! ...

Gott sieht und hört uns, wenn wir nach ihm rufen.
Er spricht: Ich bin das Brot des Lebens.
Wer zu mir kommt, wird nicht hungern,
und wer an mich glaubt, den wird nimmermehr dürsten.

Kraft des Auftrags, den der Herr seiner Kirche gegeben hat,
verkündige ich euch:
Eure Sünden sind euch vergeben
im Namen des Vaters und des Sohnes und des Heiligen Geistes.
Amen.

Schlußgebet

»Herr, unser Gott, du hast dein Wort ausgesät, deinen Sohn hingegeben: Gebrochen und gestorben für uns, ist er Brot und Leben für die Welt. Wir bitten dich, laß uns die Kraft finden, seinen Weg zu gehen: Daß wir füreinander fruchtbar seien wie Saat und nahrhaft wie Brot. Und laß uns so ein glückliches Leben führen.
Daß wir dein Wort vernommen haben, Gott, daß wir das Brot gebrochen haben füreinander, laß das für uns ein Zeichen sein, daß du uns nahe bist,

daß wir deine Menschen sind, von dir genährt, von dir geliebt. Verlaß uns nie, wir bitten dich, sei wie das Tageslicht um uns, sei unser fester Boden und mehr noch: unsere Zukunft, unser Vater.«
(Huub Oosterhuis, Ganz nah ist dein Wort, Gebete, Verlag Herder, Wien)

Vorschlag zur Predigt

Möglicher Anfang
An diesem ersten Sonntag im Oktober, da wird es auch dem letzten klar, der eigentlich die Zeit gern bremsen möchte - es ist jetzt Herbst geworden. Noch einmal bäumt sich die Natur in all ihren Kräften auf: Der Wind treibt große Wolken übers Land. Vogelschwärme lassen sich von ihm nach Süden tragen. Die bislang grünen Bäume ziehen ihr letztes, festliches Gewand in strahlend kräftigem Rot und Braun und Gold an. Prall und saftig hängen Äpfel, Birnen, Pflaumen an den Bäumen, mehr als wir uns pflücken können. Des Jahres Früchte reifen.
Mit Rilke stimmen wir gern ein:
»Herr, es ist Zeit. Der Sommer war sehr groß ...«
(Hier nur die beiden ersten Strophen des Gedichtes, siehe Kontext!)
Erntedank! - Wir feiern das Leben. Wir feiern alles, was uns leben läßt.

Zum weiteren Verlauf
Manchem von uns hier wird vielleicht das Loben und das Danken nicht so leicht fallen heute. Es fällt ihm schwer, mit einzustimmen in den Jubel. Das Ernten ist uns fern und fremd. Wir kaufen unsere Lebensmittel das ganze Jahr über in den Geschäften, auf den Märkten. Saat und Ernte, Frost und Hitze, Sommer und Winter, sind vollklimatisiert - in uns.
...
Manchmal geraten sogar die Jahreszeiten unserer Seele durcheinander. Da ist es wie Winter in uns, auch wenn es draußen hell und warm ist.
(Hier kann die 3. Strophe von Rilkes »Herbsttag« oder Zenettis Gedicht »Es ist jetzt nicht die Zeit, um zu ernten.« folgen)
Erntedank - auch wenn uns zur Zeit die Sonne nicht scheint?
Was läge auf dem Altar, wenn wir nicht die Früchte des Feldes, sondern die Früchte unseres persönlichen Jahres, unseres Herzens, dorthin gelegt hätten? Da lägen auch Angst und Sorgen. Wieviel Armut mitten im Reichtum wäre da zu sehen, wieviel Freude und Trauer, Ausgelassen- und Verstummtsein ...
(die Ambivalenzen des Lebens)
Das Bild einer solchen Ernte wäre lebendig und wahr, wenn auch nicht nur schön. Wo darf dies alles ausgebreitet werden, wenn nicht hier im Gottesdienst? Es gibt kein Lebensgefühl, keine Not, keine »unausgereifte Frucht«

unseres Lebens, die nicht hier auf den Altar gelegt werden dürfte mit der Bitte um Liebe, die noch immer alles verwandeln kann.
Wir fragen den Predigttext, und er sagt heute: Lobt und dankt und - teilt! Teilt eure Zeit, teilt eure Sorge, teilt eure Erfahrungen, teilt euer Leben! Nehmt Anteil aneinander.
Auch das sind Früchte dieses Jahres: ein liebevoller Blick, eine beruhigende Hand, ein Ohr für ein Gespräch und ein paar Worte, die Mut machen, ein Stück Wegs schweigend miteinander gegangen.
Das ist auch ein Korb voller Erntegaben, wenn wir trotz allem und gegen alles, was uns hinunterzieht, durchhalten ... Es sind ja nicht nur Äpfel und Birnen, Brot und Kartoffeln, von denen wir leben. Wir leben von jeder Hingabe und Mühe, von jeder mitgeteilten Freude und jeder mitausgehaltenen Angst. Wir leben vom Wort, das die Sehnsucht stillt und vom Blick, der mich meines Wertes gewiß macht. Wir sind so reich beschenkt, wo wir das Leben wirklich teilen.
Erntedank - wir feiern das Leben, wieviel Angst und Sorge, wieviel Trauer und Resignation auch in uns sein mögen. Denn wo und wie wir auch sind: Gott schenkt uns voll ein. Wir dürfen kosten, genießen, sehen und schmecken, wie freundlich der Herr ist. Uns wird nicht am Ende die Rechnung präsentiert, wie Lothar Zenetti schreibt: »Einmal wird uns gewiß ...« (siehe Kontexte)
Wir dürfen sammeln und ernten, loben und danken, mit lauten und mit leisen Tönen, aus vollem und aus geplagtem Herzen.

Möglicher Schluß
Wenn wir nachher den Gottesdienst und die Kirche wieder verlassen, dann nehmen wir die Fülle der Farben und Klänge, das Bild des reich geschmückten und gedeckten Altars mit. Und treten hinaus und genießen den Tag, vielleicht einen der letzten, der die Erinnerung an den Sommer in uns wachhalten will. Dann mögen wir mit Hermann Hesse sagen: »Das war des Sommers schönster Tag, / nun klingt er vor dem stillen Haus / in Duft und süßem Vogelschlag / unwiderbringlich leise aus. /
In dieser Stunde goldnen Born / gießt schwelgerisch in roter Pracht / der Sommer aus sein volles Horn / und feiert seine letzte Nacht.« Amen.
(in: Für jeden neuen Tag, a. a. O., S. 23)

Kontexte

Reich ist man nicht durch das, was man besitzt, sondern mehr noch durch das, was man mit Würde zu entbehren weiß, und es könnte sein, daß die Menschheit reicher wird, indem sie ärmer wird, und gewinnt, indem sie verliert.
(Immanuel Kant)

»... Nur was du hingibst, wird sich entwickeln. Was du dir zu sichern versuchst, verkümmert.
Woran erkennst du, daß die Frucht reif ist? - Daran, daß sie sich löst vom Zweig. Alles reift, um Gabe zu werden, und erfüllt sich im Opfer.«
(André Gide)

Am Ende die Rechnung
Einmal wird uns gewiß / die Rechnung präsentiert / für den Sonnenschein / und das Rauschen der Blätter, / die sanften Maiglöckchen / und die dunklen Tannen, / für den Schnee und den Wind, / den Vogelflug und das Gras / und die Schmetterlinge, / für die Luft, die wir / geatmet haben, und den / Blick auf die Sterne / und für alle die Tage, / die Abende und die Nächte. /
Einmal wird es Zeit, / daß wir aufbrechen und / bezahlen; bitte die Rechnung. / Doch wir haben sie / ohne den Wirt gemacht: / Ich habe euch eingeladen, / sagt der und lacht, / soweit die Erde reicht: / Es war mir ein Vergnügen!
(aus: Lothar Zenetti, Sieben Farben hat das Licht, J. Pfeiffer Verlag, München ^{6}1987)

Herbsttag

Herr: es ist Zeit. Der Sommer war sehr groß.
Leg deinen Schatten auf die Sonnenuhren,
und auf den Fluren laß die Winde los.

Befiehl den letzten Früchten voll zu sein;
gib ihnen noch zwei südlichere Tage,
dränge sie zur Vollendung hin und jage
die letzte Süße in den schweren Wein.

Wer jetzt kein Haus hat, baut sich keines mehr.
Wer jetzt allein ist, wird es lange bleiben,
wird wachen, lesen, lange Briefe schreiben
und wird in den Alleen hin und her
unruhig wandern, wenn die Blätter treiben.

(aus: Rainer Maria Rilke, Werke in drei Bänden, © Insel Verlag Frankfurt am Main 1966)

19. Sonntag nach Trinitatis

Annäherungen an den Predigttext
2. Mose 34,4-10

Jürgen Grimm

Mit Ex 34,4-10 beschäftigte sich unser Hauskreis, der sich an jenem Abend aus drei kirchlich engagierten Ehepaaren zusammensetzte. Die vorliegende Gesprächsdokumentation hat Statement-Charakter.

Wie machen Menschen Erfahrungen mit Gott? Hier kann ich es sehen. Mir gefällt die wunderbare, sicher unkritische Erzählweise: Die Wolke, die verhüllt und offenbart. Mose, der sich zur Erde neigt, staunt, sich öffnet, mit Gott redet, beschenkt wird. Mir ist dieses Geschehen wichtiger als die gefüllten Begriffe, wie Gnade, Treue, Sünde etc.

Mich stört: »Der Herr ging vor Moses Angesicht vorüber«. Gott bleibt nicht stehen. Ihn kann ich nicht festhalten. Er geht weiter. (Es wurde auf Ex 33,18 ff. hingewiesen: Mose darf nur die »Rückseite« Gottes schauen). Könnte das nicht heißen, ich kann Gott nur im Nachhinein erkennen? Im Augenblick ist er mir verborgen. Gott - er ist wie der Wind, nicht zu sehen aber doch zu spüren.

Mich beeindruckt, wie Mose sich für sein halsstarriges Volk immer wieder einsetzt, Gott um Vergebung bittet und Erfolg hat - trotz des gebrochenen Bundes. Israel bleibt Gottes erwähltes Volk, und es wird ins gelobte Land geführt. - Auch wir sind Erbbesitz Gottes. Gott schaut nach uns. Er läßt uns nicht fallen. Ich zähle zwar nicht zum erwählten Volk, aber ich bin ein Nachfahre.

Was mich an diesem Text stört: Müssen Enkel immer dafür büßen, was die Großeltern verbrochen haben? Mein Äußeres und mein Wesen erinnerten meine Mutter stets an ihren schwierigen Vater. Selbst als Erwachsener verletzte sie mich immer wieder mit ihren kränkenden Projektionen. Man ist gefangen in seiner Erbmasse. Man hat von den Vätern doch einiges zu tragen. Ich hoffe, daß dieser Gott aber auch vergibt, geduldig ist und von großer Treue.

Vielleicht kann keine Generation so gut verstehen, was Heimsuchung heißt wie die unsrige. Was müssen unsere Enkelkinder ausbaden, was wir ihnen einbrocken! Aber das ist nicht Gott; das sind unsere Fehler (Umwelt!).

In unserem Leben spüren wir beides: Erfahrung von Gnade, von Vergebung, aber eben auch Heimsuchung. Es geht nicht glatt auf. Da gibt es

Fluch und Segen. Es ist wie bei Jakob: Du bist der Gesegnete, und du trägst eine Bürde, die du nicht abstreifen kannst. Da begegnet dir die dunkle Seite Gottes.
Der Text liefert kein glattes rundes Gottesbild. Dennoch liegt auf der Gnade die ganze Schwerkraft. Trotz der Schuld Israels wird der Bund erneuert. Hat Gott dazugelernt, mußte er begreifen: Der Bund wird immer wieder gebrochen werden? Die Geschichte der Menschheit kann nur weitergehen, wenn Gott ganz neu anfängt? Aber wie?
(Impuls: Vgl. Ex 34,6+7 mit dem ersten Gebot in Ex 20,5+6). Was Mose schon einmal gehört hat (Ex 20), gibt er - in unserem Text - als Bekenntnis weiter. Mir fällt die Umstellung von Heimsuchung und Barmherzigkeit auf. Nachdem der Bund gebrochen ist, gewinnt jetzt die Gnade den Vorrang, und erst dann ist von Heimsuchung die Rede.
Kann bzw. darf die Vorstellung von der Heimsuchung überhaupt noch auf uns bezogen werden, oder ist sie nicht als alttestamentliche überholt und durch Jesus und seine Gnadenbotschaft überboten?
Ich erinnere mich an meinen Konfirmationsspruch: »Es sollen wohl Berge weichen und Hügel hinfallen, aber meine Gnade soll nicht von dir weichen, und der Bund meines Friedens soll nicht hinfallen, spricht der Herr, dein Erbarmer«. Mir ist das wichtig: Ein menschlicher Bund - Ehe, Freundschaft - kann auseinanderbrechen, nicht der Bund Gottes.
Hat Gott sich nicht mit dem Bundesschluß die Hände gebunden? So schon beim Noahbund: Keine Flut mehr als Strafe für menschlichen Ungehorsam! Und damals ging es nicht um die Zukunft eines - erwählten - Volkes, sondern um die Zukunft der gesamten Menschheit! Beim dritten Versuch, sich mit den Menschen zu verbünden, mußte Gott wohl selber Mensch werden und sich direkt und hautnah dem Leiden aussetzen.
Alles ist Gnade, alles was gelingt. Wenn es nicht gelingt, brauchen wir erst recht die Gnade. Etwas, was das Leben trägt.
Für die Priorität der Gnade spricht die Beobachtung: Die Barmherzigkeit Gottes erreicht Tausende, wobei die Heimsuchung sich auf drei bis vier Generationen beschränkt (Interessant ein Zitat von W. Zimmerli: »Die Dekalogformulierung von der Heimsuchung am dritten und vierten Glied meint ursprünglich nicht eine Abfolge von Strafen durch die verschiedenen Generationen hindurch, sondern einen Vernichtungsschlag, welcher eine Familie in ihrer weitesten Generationenerstreckung auslöscht (Rost, vgl. das ›Urahne, Großmutter, Mutter und Kind in einer Stube versammelt sind ...‹)«). - Das ist die Nachtseite Gottes. Ein Kind trauert z. B. um seine Eltern, Geschwister, Großeltern, die bei einem Brandanschlag ums Leben kamen.
Mich beeindruckt Gottes inkonsequente Konsequenz und Vision: »Wunderbar wird sein, was ich an dir tun werde« (V. 10). Die Geschichte vom Bund Gottes kommt von der Gnade her und führt zur Gnade hin. Gott steht zu seinen Zusagen - trotz Bundesbruch. Dieser rote Faden der Gnade Got-

tes verläuft über das NT direkt zu uns. - Wir feiern jetzt das Abendmahl: Gottes Geschichte mit uns Menschen ist weitergegangen und geht weiter - trotz unseres Versagens. Wir haben die Möglichkeit, uns von ihm vergeben zu lassen, seine heilsam-aufrichtende Nähe zu verspüren (Es folgten die Einsetzungsworte).

Zum Gottesdienst

Peter Mommer

Exegetisch-homiletische Skizze

Das Kapitel Ex 34 gibt viele Rätsel auf; es ist geradezu »ein exegetisches Minenfeld« (E. Noort, GPM 44, 1989/90, S. 427; dort auch weitere Lit.). Das hängt sowohl mit seiner Stellung im Kontext wie der Unübersichtlichkeit des Kapitels selbst zusammen. Die Perikopenabgrenzung tut ein übriges, um das Verständnis zu erschweren. Zwar bilden die V. 4-10 den (theologischen) Höhepunkt des Kapitels, sie sind aber ohne genauere Kenntnis des Kontextes sowie der Entstehung vor allem von Kap 34 kaum hinreichend zu verstehen.
Ex 32-34 unterbrechen die priesterschriftliche Darstellung vom Bau der Stiftshütte, einer Vorabbildung des Jerusalemer Tempels. In Ex 25-31 wird der Auftrag zum Bau gegeben, Ex 35-40 schildern die Durchführung. Wenn Ex 32-34, die von einer anderen Hand stammen, nun zwischen diesen beiden Blöcken stehen, so deshalb, weil das mit dem Abfall des Volkes Ex 32 gegebene Problem zunächst einer Lösung bedarf, bevor das Heiligtum als Ort der Offenbarung Gottes endgültig gebaut werden kann. Der Redaktor, der in der nachexilischen Zeit die Priesterschrift mit den alten Quellen verbindet, hat Ex 32-34 aber nicht selbst geschaffen, sondern schon in dieser Form vorgefunden. Der Streit geht darum, wem diese drei Kapitel in ihren einzelnen Erzählzügen zuzurechnen sind.
In 34,1-3 ergeht der Auftrag an Mose, neue Steintafeln herzustellen und auf den Sinai zu steigen. V. 4 berichtet die Ausführung, und die V. 5- 9 schildern die Theophanie Gottes und Moses Reaktion darauf. In den V. 10-16 schließt Gott erneut einen Bund mit dem Volk (vgl. Ex 24). Dieser Bundesschluß bildet nun die Einleitung zu einer vermutlich sehr alten Sammlung von Kultgesetzen, dem sogenannten ›kultischen Dekalog‹, V. 17 ff. (Ob sich wirklich 10 Einzelgesetze herausarbeiten lassen, wie gelegentlich versucht worden ist, sei einmal dahingestellt.) V. 27 f. schließen den Bericht der älteren Quellen ab. V. 29-35 gehören bereits zur Priesterschrift, die von hier ab bis Num 10 das Feld beherrscht.

Die Abfolge von Befehl Gottes, Ausführung, Theophanie, Bundesschluß und Gesetzesgabe bildet eine Dublette zu den Ereignissen von Ex 19–24. Das ist im jetzigen Kontext auch bewußt so gewollt als – überraschende – Antwort auf den Sündenfall von Ex 32. Literarisch gesehen handelt es sich in Ex 34 aber wahrscheinlich um die jahwistische Erzählung des Bundesschlusses am Sinai, redaktionell erweitert vermutlich durch die im Exil lebenden Deuteronomisten, die in ihrer Geschichtsdarstellung versuchen, die Katastrophe Israels als Konsequenz eines fortschreitenden Abfalls von Gott zu verstehen.
Aufgrund einiger sprachlicher Beobachtungen, die hier nicht im einzelnen nachgezeichnet werden können, sind der alten Quelle die Verse 1a.2–5.10aα (jeweils ohne die Bemerkung »wie die ersten«) zuzurechnen, daneben der sogenannte kultische Dekalog in seinem Grundbestand. Es handelt sich um die jahwistische Sinaiszene: Mose begegnet Gott auf dessen Anweisung hin auf dem Berg Sinai. Gott kündigt den Bundesschluß an und gibt Mose Gesetzesbestimmungen. Diese Szene wird durch die dtr. Redaktoren um die V. 6–9 ergänzt, soweit es unsere Perikope angeht.
Interessanterweise hat die Luther-Übersetzung die im hebräischen Text zu beobachtenden Spannungen und Zweideutigkeiten im wesentlichen korrekt interpretiert. Zur Exegese im einzelnen: V. 4 schildert die Ausführung des göttlichen Befehls von V. 1–3. Danach steigt Mose allein auf den Sinai, nachdem er sich zwei Steintafeln gehauen hat. Daß diese sind, »wie die ersten waren«, verlangt der neue Kontext des Exodusbuches. V. 5 schildert die Jahwe-Theophanie in der für das AT typisch unanschaulichen Weise. Letztlich bleibt Jahwe auch in dieser Theo*phanie* verborgen. Subjekt des zweiten Teils von V. 5 ist eindeutig Mose. Das »Anrufen des Namens Jahwes« (= kultische Verehrung) begegnet in der jahwistischen Darstellung schon sehr früh in Gen 4,26 und ist ein term. techn. für die Verehrung Gottes – hier als direkte Antwort auf seine Gegenwart. Unmittelbar im Anschluß an die Anbetung durch Mose folgte in der alten Quelle V. 10 und damit die Einleitung des Bundesschlusses. Diesen Zusammenhang hat die dtr. Redaktion unterbrochen durch eine längere Gottesprädikation (V. 6 f.) und eine auf den Kontext bezogene kurze Einwendung des Mose. Subjekt von V. 6 f. ist Jahwe selbst (vgl. 33,19), der hier von sich in der dritten Person spricht. Deutlich erkennbar ist, daß Dtr. diese ›Gnadenformel‹ der kultischen Tradition entlehnt hat. Das, was Jahwe hier von sich selbst sagt, gehörte ursprünglich in den Tempelkult. Die Gnadenformel ist in dieser und in leicht variierender Form an mehreren Stellen des AT zu finden (vgl. dazu H. Spieckermann, »Barmherzig und gnädig ist der Herr…«: ZAW 102, 1990, S. 1–18).
In sehr dichter und kaum zu überbietender Weise wird Gott hier als gnädig herausgestellt. In insgesamt fünf eigenständigen, nominal formulierten Aussagen wird, für das AT durchaus unüblich, etwas über das Wesen Jahwes ausgesagt. Es ist ganz von Gnade, Treue und Vergebungsbereitschaft

bestimmt. Diese Aussagen wiegen um so schwerer, als sie in Ex 34 quasi als Antwort auf den Abfall des Volkes in Ex 32, der in den älteren Quellen dem ersten Bundesschluß unmittelbar folgt, zu verstehen sind. Daß die Dtr die Formel gerade hier eingetragen haben, hat aber auch Bedeutung für ihre eigene bedrängende Gegenwart. Mitten in der Exilszeit, angesichts des Verlustes von Eigenstaatlichkeit und Tempel, stoßen sie damit die Tür auf in eine Zukunft jenseits der als Gericht Gottes interpretierten Katastrophe Israels. Daß sie das Strafhandeln Gottes dabei keineswegs ignorieren oder verharmlosen, zeigt die Fortsetzung der Gnadenformel, die die Dtr ebenfalls der Tradition entnommen haben. Anders als die Gnadenformel werden über das Strafhandeln Gottes nur zwei Aussagen getroffen: »Gott läßt gewiß nicht ungestraft«, formuliert im Nachdruck verleihenden Infinitivus absolutus, und die Verfolgung der Sünde, wiederum nominal. Damit ist die Ernsthaftigkeit des Strafhandelns Gottes betont, gleichzeitig wird es aber auch der Gnade, anders als in Ex 20, nach- und untergeordnet. Das wird besonders deutlich in der zeitlichen Erstreckung, die anders als bei der Gnade (»Tausenden«, und damit unbestimmt) nur bis in die vierte Generation reicht. Daß die Sünde der Väter an den Kindern heimgesucht wird, erscheint uns als besonders problematisch. Aber hier schlägt sich eine Erfahrung des atl. Menschen nieder. Einmal ist hier die Großfamilie im Blick. Falsche Entscheidungen des Familienoberhaupts, Verfehlungen jeglicher Art, haben Auswirkungen auf die gesamte Großfamilie, die bis zu vier Generationen umfassen kann. Gleichzeitig ist aber auch die Exilssituation und die dtr. Theologie überhaupt zu bedenken. Es ist die Sünde der vorigen Generationen, die die eigene perspektivlose Situation verschuldet hat. Diese Sünde bestand, so die Dtr, im Abfall von Gott, der Hinwendung zu anderen Göttern, im Verlassen auf die eigene Stärke unter Absehung Gottes. Die alte jahwistische Bundesschlußerzählung wird so im Verbund mit Ex 32 f. zur paradigmatischen Geschichtsdarstellung und zur theologischen Deutung der eigenen Geschichte. Die Dtr wissen um die Schuld des Volkes, wie sie durch den (prophetischen) Fürbitter Mose in V. 8 f. noch einmal ausdrücklich bekannt wird, sie haben am eigenen Leib erfahren, daß Gott nicht einfach daran vorübergeht, sie wissen - oder hoffen glaubend -, daß die Strafe nicht Gottes einziges und vor allem nicht sein letztes Wort ist. Gegen ihre eigene Erfahrung, gegen den strafenden Gott, bekennen sie den gnädigen Gott, der einen neuen Bund wagt und - so jedenfalls in Ex 32-34 - auf die sonst bei Vertragsbrüchen im Alten Orient drakonischen Strafen verzichtet.

Die Perikope Ex 34,4-10 ist »(e)in kleines Kompendium der sonst im AT so seltenen Aussagen über JHWHs Art und Wesen« (H. D. Preuß, Theologie des Alten Testaments I, Stuttgart 1991, S. 277). Dabei ist allerdings zu bedenken, daß dieses »Kompendium« in einen erzählerischen Zusammenhang eingestellt worden ist - und dies wiederum ist für das AT typisch. Und so wird es auch in der Predigt weniger darum gehen können, abstrakt über

das Wesen Gottes zu philosophieren, als vielmehr sein Handeln am damaligen und heutigen Menschen zu beschreiben und dabei die eigene Erfahrungswelt der Hörerin/des Hörers mit einzubeziehen.
Ex 34 redet in der Hauptsache von der Gnade Gottes, die gleichsam sein Wesen ist. Es wird darum gehen, diesen theologisch schwergewichtigen Begriff mit Leben zu füllen. Worin besteht die Gnade Gottes, was zeichnet sie aus, wie ist ihr Verhältnis zu Schuld und Gericht? Die Gottesprädikationen von V. 6f. lassen das Gnadenhandeln Gottes plastisch werden: Gott ist langsam zum Zorn. Er ist also durchaus zornig, und die Berechtigung dazu wird ihm nicht abgesprochen, ja, von Mose geradezu bestätigt (V. 8f.). Gott hält aber den Zorn, seine Reaktion auf das Handeln des Menschen, zurück. Gnade ist Treue und Wahrhaftigkeit (חסד, אמת). Trotz des Abfalls (Ex 32) wendet sich Gott nicht ab, sondern fühlt sich an seinen einmal geschlossenen Bund gebunden, bleibt dabei sich selbst treu. Diese Treue verlangt aber auch, die Verfehlung nicht einfach zu ignorieren, sondern ernst zu nehmen. Gott kümmert sich um die Verfehlung (פקד), er verfolgt sie. Gleichzeitig ist aber auch die Rede davon, daß er sie selbst wegnimmt (נשא, in einem durchaus handgreiflichen Sinn; sehr plastisch auch Jes 38,17). Das, was auf dem Menschen lastet, seine schuldbeladene Vergangenheit, wird von Gott aufgehoben. Daß die Gnade Gottes die einzige Überlebensmöglichkeit des Menschen ist, wird durch diese Aussagen in Verbindung mit dem Kontext deutlich. Das ›non posse non peccare‹ ist auch für den atl. Menschen Realität, aber keine Rechtfertigung. Nur Gottes Treue, seine Selbstverpflichtung zur Erhaltung des Menschen ermöglicht den Neuanfang.
Damit ist Gnade aber nicht allein ein forensisches Handeln. Indem sie Befreiung von Schuld und Aussetzen von Strafe ist, eröffnet sie Menschen einen neuen Lebensraum. Nach Ex 32 war das Leben des Volkes eigentlich der Vernichtung preisgegeben. Ohne den Gott, der sie aus Ägypten befreit und durch die Wüste geführt hatte, waren sie verloren. Mit dem erneuten Bundesschluß und der Ankündigung von neuen Wundern wendet sich Gott erneut dem Volk zu und eröffnet so eine neue Lebensperspektive. Gnade ist nicht nur Vergebung, sondern auch konkreter Beistand. So erhält sie Leben in zweifacher Weise.
Einige Problemkreise sind bisher nicht angesprochen worden und sollen (oder müssen) auch in der Predigt nicht unbedingt thematisiert werden. Dazu gehört die Frage, inwieweit wir in den Bund, den Gott mit Israel geschlossen hat, einbezogen sind. Dies ist in erster Linie ein theologisches Problem, das den Predigthörern/innen eher unbewußt ist. Da es Predigtperikopen gibt, die dieses an sich wichtige und gegenwärtig viel diskutierte Thema (Verhältnis Christen – Juden) aufarbeiten, sei hier darauf verzichtet. Damit wird aber gleichzeitig verzichtet auf die Einbindung Jesu Christi, der für uns der Bundesmittler geworden ist und in dem uns Gottes Gnade vis-à-vis begegnet. Aber es ist vielleicht gerade reizvoll, das Thema ›Gnade Gottes‹ dem AT entsprechend erzählend zur Sprache zu

bringen und dabei auf eine ›Christianisierung‹ zu verzichten. Atl. Texte bedürfen oft nicht des christologischen Kunstgriffs, um das Evangelium zu bezeugen.

Als Problem wird von der Gemeinde sicher die Heimsuchung bis in die dritte und vierte Generation empfunden (vgl. unter I.). Die Exegese hat dies auf dem Erfahrungshintergrund des atl. Menschen zu erklären versucht. In diese Richtung müßte auch die Predigt gehen, wenn man es überhaupt eigenständig thematisieren will. Als Verstehenshilfen - aber nicht mehr - können eigene Erfahrungen aus der jüngeren Geschichte und der Gegenwart dienen, so etwa die Folgen der Naziherrschaft, die zu einer Neuordnung vor allem Deutschlands geführt haben, wie auch die gegenwärtig virulente Frage nach der fortschreitenden Zerstörung der Umwelt oder dem Raubbau an den Ressourcen. Daß hier der Mensch, und nicht Gott am Werk ist, wurde unter I. schon herausgestellt. Uns führt es zu der grundsätzlichen Frage nach der Erfahrbarkeit Gottes in der Geschichte. Für den atl. Menschen war das selbstverständlich, was für uns höchst fragwürdig geworden ist. So scheint es geraten, Erfahrungen der Gnade Gottes, abgesehen vom atl. Zeugnis, eher individuell (oder in bezug auf die christliche Gemeinde) zu vergegenwärtigen, als auf geschichtliche Ereignisse zu rekurrieren, wie es in fundamentalistischen Kreisen mit bezug auf die jüngste Geschichte zum Teil schon wieder geschieht.

Vorschläge zur Liturgie

Introitus

Psalm 32,1–5.7

1. Wohl dem, dessen Aufbegehren vergeben
   und dessen Sünde begraben ist!
2. Wohl ihm, dem Gott nicht anrechnet, was er beging.
   Denn sein Gewissen ist nicht mehr getrübt.
3. Solange ich schwieg,
   zerfraß es mich bis ins Mark;
   ich quälte mich täglich.
4. Denn Tag und Nacht lag deine Hand immer schwerer auf mir.
   Meine Zunge verquoll wie in glühheißer Dürre.
5. Da bekannte ich dir meine Sünde
   und verbarg meine Schuld nicht länger.
   Ich sagte: Vor Gott will ich meine Taten bekennen.
   Und du nahmst die Last meiner Sünde hinweg.
7. Du birgst mich in deinem Schutz.
   Du wachst, damit mir nicht angst wird,
   und deckst mich nach allen Seiten.

(aus: Zu Hilfe mein Gott, Psalmen und Klagelieder, Neukirchener Verlag, Neukirchen-Vluyn, 4. Aufl. 1989)

Kyrie
Wir treten vor dich, Gott,
belastet mit der vergangenen Woche.
Unsere Gedanken waren oft von dir abgewandt,
unsere Worte richteten sich oft gegeneinander,
unsere Taten waren nicht auf Besserung aus.
Anstatt aus deiner Gnade zu leben,
sind wir unsere Wege gegangen
und haben dich aus den Augen verloren.
Laß uns nicht verloren gehen!
Vergib uns all unsere Sünden!
Laß uns erfahren, daß deine Gnade und Barmherzigkeit größer sind!
Erbarme dich!

Gloria
Psalm 103,8.10.13
Barmherzig und gnädig ist der Herr, geduldig und von großer Güte.
Er handelt nicht mit uns nach unseren Sünden und vergilt uns nicht nach unserer Missetat.
Wie sich ein Vater über Kinder erbarmt, so erbarmt sich der Herr über die, die ihn fürchten.

Vorschlag zur Predigt

1. Mit großen Hoffnungen und Träumen im Gepäck waren sie aufgebrochen aus Ägypten, dem Land der Knechtschaft. Dem Land, das ihnen Brot gegeben hatte, in dem sie aber auch unfrei lebten, behandelt wie Sklaven, gezwungen zu einer Arbeit, die nicht die ihre war. Wie sehr hatten sie sich damals an ihn geklammert, Mose, der von einem Gott redete, der das nicht länger zulassen wollte. Befreiung und neues Leben versprach er ihnen, und so waren sie ihm gefolgt, hatten das Risiko der Flucht auf sich genommen und den Weg durch die Wüste gewagt - die Ägypter im Nacken, aber Gott vor Augen, der sie in eine bessere Zukunft führen sollte.
Dem Pharao entkamen sie knapp, der Weg durch die Wüste war mühsam, und erste Zweifel nagten an ihnen. Ägypten schien gar nicht mehr so schrecklich zu sein. Aber schließlich gelangten sie an den Sinai, den Gottesberg. Hier würde ihnen Gott begegnen, den sie nur aus den Reden des Mose kannten, dem sie ihre Rettung verdankten. Aber wie enttäuschend verlief diese Begegnung. Sie sahen Feuer und Rauch und Mose, der allein auf den Berg stieg. Gott blieb verhüllt, und Mose kam nicht zurück. Da machte sich Angst breit, und das bißchen Vertrauen, das sie noch antrieb, war dahin. Sie berieten sich, und schließlich machten sie sich ein eigenes Gottesbild, glänzend und stark, und vor allen Dingen zum Anschauen und Anfassen. Mose

und seinen Gott hatten sie schon fast vergessen, als er plötzlich vor ihnen stand. Und mit einem Mal zog ihre ganze Geschichte an ihnen vorüber, die Erzählungen der Väter aus dem Land Israel, ihr Elend und ihre Not in Ägypten, der Jubel über die Befreiung, ihr Vertrauen, aber auch ihr Mißtrauen und ihre Zweifel. Wie zum Zeichen zerbrach Mose die Tafeln, die Tafeln des Bundes, den Gott ihnen angeboten hatte, und alles schien verloren in diesem Augenblick. Ihre Geschichte war an ihr Ende gekommen, denn Gott, dem sie alles verdankten, würde das nicht ungestraft lassen können. Und als Mose erneut auf den Berg gerufen wurde, schien ihre Zukunft besiegelt.

2. Stichworte

- Erst jetzt sollte der Predigttext verlesen werden.
- Das Überraschende an der Verhaltensweise Gottes wird herausgearbeitet; hier ist der Platz, eigenes gegenwärtiges Verhalten (individuell und gesellschaftlich) zu beleuchten, um die grundsätzliche Angewiesenheit des Menschen auf die Gnade Gottes deutlich werden zu lassen; ohne Gott sind wir ›gnadenlos‹ in einem zweifachen Wortsinn – Ergebnis: Wir sind auf die Gnade Gottes angewiesen, denn eigentlich sind wir der Strafe verfallen (z. T. auch deutlich spürbar).
- Das ›Evangelium‹ des Texts: Leben aus der Gnade Gottes (Vergebung und Ermöglichung des Neuanfangs).

3. *Zum Predigtabschluß:* »Denn wunderbar wird sein, was ich an dir tun werde.« Ausgehend von diesem Schluß des Predigttextes könnten ›wunderbare‹ Entwicklungen menschlichen Lebens beispielhaft aufgezeigt werden. Da sich dabei eine Anknüpfung an die verfehlten Möglichkeiten (vgl. o. 2.) anbietet, ist hier auf eine Ausformulierung verzichtet.

Im Anschluß an die Predigt bietet sich als *Lied* an: »Nun lob mein Seel den Herren ...«, EKG 188,1–4.

20. Sonntag nach Trinitatis

Annäherungen an den Predigttext 2. Korinther 3,3-9

Ingrid Keßler-Woertel

Den Text habe ich, wie aus dem Folgenden ersichtlich ist, mit mehreren Gruppen besprochen:
Da waren zunächst einige Konfirmandengruppen. Mit ihnen habe ich den Text in der jeweiligen Konfirmandenstunde (= 1,5 Zeitstunden) besprochen; dann der Kindergottesdienstmitarbeiterkreis (ca. 12 erwachsene Frauen); danach in einer kleinen Pastorenrunde.
Noch eines will ich vorausschicken: Ich denke, alle Gruppen haben den Text nur mir zuliebe so lange und intensiv besprochen, aber dazu Näheres im Folgenden.

2 Kor. 3,3-9 in *Konfirmandengruppe*
Nach einem ersten Vorlesen schauten mich die Konfirmanden nur ungläubig an, denn die zunächst unausgesprochene, dann auch laut gestellte Frage: »Was soll das?! Wir haben nichts verstanden!« »Können Sie das noch einmal lesen?!« Nach dem zweiten Lesen bat ich die KonfirmandInnen, aufzuschreiben, was ihnen vom Bibeltext her in Erinnerung war. Es wurden von den KonfirmandInnen nur Stichworte genannt. Niemand hatte mehr als zwei Stichworte behalten. Genannt wurden »Brief Christi, Tinte, Geist des lebendigen Gottes, steinerne Tafeln, Fleischtafeln, Amt«. Bei näherer Nachfrage konnten diese Stichworte jedoch nicht mit dem/durch den Text erklärt werden. Immerhin brachte eine Erklärung des Textes - wobei Vers für Vers des Textes zu klären/erklären versucht wurde -, eine Konzentration auf einige Begriffe.
»Ich finde den Satz: ›denn der Buchstabe tötet, der Geist macht lebendig‹ gut«, meinte eine Konfirmandin. »Das stimmt ja auch für uns heute: die Menschen sollen nicht auf die nackten Buchstaben vertrauen, sondern sich von Gott und dem Geist Gottes führen lassen. Die Buchstaben sind tot, die kannst du verbrennen, dann sind sie weg. Genauso ist das mit einem, der alles nur buchstabengetreu macht und tut und lebt; der ist doch eigentlich tot, weil er den Bezug zur Realität verloren hat.« Auch die Anrede »Ihr seid ein Brief Christi« wurde von den Konfirmanden noch einmal aufgenommen und interpretiert. »Der Brief muß super-gestylt sein, richtig aufge-

motzt.« »Der Brief muß neugierig machen auf das, was in ihm geschrieben steht.« »Stellt euch vor, wir sind auch ein Brief Christi«, meinte eine Konfirmandin erfreut, wobei ein anderer Konfirmand ihr - recht erschreckt - antwortete: »Also, wenn ich ein Brief Christi bin, dann schrecke ich die Leute eher ab.« Darauf die erste Konfirmandin: »Ja, dann müssen wir etwas für unser Image tun.« Als »Image-Verbesserung« der Christen wurde genannt: Nächstenliebe, Einsatz für Menschen in Not, Diakonie, Hilfen für Obdachlose, den kleinen Geschwistern biblische Geschichten erzählen, zur Kirche gehen usw.« Die Schlußfrage lautete in jener Konfirmandenstunde: »Was meint ihr, soll ich am Sonntag über diesen Bibeltext predigen?« Die Antworten lauteten von »viel zu schwierig, kapiert doch keiner« bis hin zu »wenn Sie einen Vers nur nehmen, dann gehts.«

Der *Kindergottesdienstmitarbeitervorbereitungskreis* hatte, obwohl alles erwachsene, langjährige MitarbeiterInnen, die sehr wohl mit dem Bibeltext umgehen und solche selbständig auslegen können, ähnliche Schwierigkeiten, wie die KonfirmandInnen. Auch hier legte man sich schnell fest auf die Auslegung und das Verständnis einiger in den Versen 3,4 und 6b genannter Stichworte: »Brief Christi«, das Gegensatzpaar »steinerne - fleischerne Tafeln«, »Vertrauen zu Gott«. Vers 7 versuchte der Kreis über seinen Bezug zu 2. Mose 34,29-35 zu ergründen. Bilanz: Vers 3a (»Ihr seid ein Brief Christi«) soll kindgerecht aufbereitet auch einmal im Kindergottesdienst besprochen werden. Alles andere empfanden die KindergottesdienstmitarbeiterInnen als viel zu schwierig für Kinder.

Auch der *Pastorenkreis* hatte seine liebe Mühe mit 2 Kor. 3,3-9. Hatten die KonfirmandInnen und Mitarbeiter des Kindergottesdienstes Stichworte gehört, jedoch den Text in sich nicht verstanden, so hatten die Theologen auch Stichworte gehört, - und ebenfalls den Text nicht verstanden, - jedoch die Stichworte mit geballtem Vorwissen zu erklären versucht, so daß es zunächst zu einer reinen Texterklärung kommen mußte. Sehr wichtig wurde dann der Hinweis auf die Antijudaismen in den Versen 7-9, die im Weiteren in den Versen 16 f. gipfeln. Bei einer Predigt, die den Schwerpunkt auf eben diese Verse legt, wird man gerade im Hinblick auf diese Antijudaismen sehr vorsichtig sein müssen. Die von mir befragten Kollegen werden nicht über diesen Perikopentext predigen. Das hat 3 Gründe: a) der Text ist so schwierig zu hören, zu verstehen, daß er als Textlesung eine »Zumutung« für die Gemeinde ist; b) gerade die Verse 7-9 sind in ihrer antijudaistischen Tendenz ein schweres Hindernis im jüdisch-christlichen Dialog; c) gibt es in unserer Ev.-ref. Landeskirche keinen Zwang, sich an die Perikopenordnung zu halten.
Zum Schluß möchte ich meinen Mann zitieren, der zu dem, wenn auch von mir erzwungenen Gespräch über den Bibeltext meint, »der Paulus habe sich eben doch nicht an unsere geltende Kirchenverfassung gehalten«.

Zum Gottesdienst

Wolf-Dietrich Hardung

Exegetisch-homiletische Skizze

In den »Annäherungen an den Text« kam zur Sprache, daß sowohl Gemeindeglieder (Konfirmanden und Kinderkirchhelfer) wie auch Theologen Schwierigkeiten mit dem Text haben. Und dies, obwohl wichtige Stichworte wie: »Ihr seid ein Brief Christi«, »Der Buchstabe tötet, aber der Geist macht lebendig« erkannt worden sind. Woran liegt das?
Ich habe über diesen Text am 2. Sonntag nach Trinitatis in einer Dorfgemeinde gepredigt. Bei der Vorbereitung habe ich bemerkt, daß der Text angefüllt ist mit Gedankengängen, die den Zusammenhang dieses Textabschnitts überschreiten.
In 3,1 wird zunächst von einem Empfehlungsschreiben gesprochen, mit dem Gegner des Paulus unterwegs sind. Empfehlungsschreiben hat der Gemeindegründer Paulus nicht nötig. Die Gemeinde selbst ist sein Empfehlungsschreiben. In 3,3 wird nun dieser Gedankengang des näheren erörtert, aber unabhängig vom Anlaß. Dieser wird vielmehr im Folgenden vorausgesetzt. Vorausgesetzt wird dann auch die Bemerkung in 3,2, daß es sich um einen Brief handelt, der von allen Menschen erkannt und gelesen werden kann. In 3,3 wird dann also des näheren von dem Brief des Geistes in den Herzen der Gemeinde gesprochen. Hier wird eingeflochten, daß dieser Brief durch den Dienst des Apostels zustande kam. Diese Bemerkung wird erst in Vers 5 und 6 erläutert. Gott hat nämlich zu diesem Dienst erst befähigt. Es ist ein Dienst an dem Neuen Testament (der Kommentar von Liezmann erläutert, daß die Septuaginta בְּרִית mit **διαθήκης** »Bund« übersetzte, nicht mit »Testament«).
Dieser neue Bund ist ein Bund des Geistes. Nun wird erläutert, welch ein Glanz auf diesem neuen Bund liegt.
So entsteht also ein Geflecht von in einander gefügten Gedanken. Dies macht den Text so kompakt und verhältnismäßig schwer durchschaubar. Der Text ordnet sich von 2,14 bis 7,4 in einen Gesamtgedankengang, in welchem Paulus den Glanz seines Amtes (Dienstes) beschreibt und in 7,4 so zusammenfaßt: »Ich rede mit großer Zuversicht zu euch; ich rühme viel von euch, ich bin erfüllt mit Trost; ich habe überschwengliche Freude in aller unser Bedrängnis.«
Das Problem der Selbstrechtfertigung gegenüber seinen Feinden, auch durch seine Leiden für und in Christus, wird dann weit über 3,1 hinausgehend noch einmal in den Kapiteln 10 bis 13 vor Augen gerückt. Sodaß verschiedene Ausleger, z.B. W. Marxen, Einleitung, 1964, Seite 74, den 2. Korintherbrief in mehrere Briefe zerlegen.

Was also für unser Teilstück, den Predigttext 3,3 bis 3,9 gilt, das ist für den gesamten, bewegenden Brief kennzeichnend: Eine Verflochtenheit von Gedankengängen zu einer gewaltigen, aber schwer durchschaubaren Gesamtkomposition.
Daher habe ich mich entschlossen, einen Gedanken in unserem Text zum Cantus firmus zu erwählen: nämlich, daß die Gemeinde ein Brief Christi ist (3,1).
Die anderen Aussagen des Textes von dem Apostel (5 und 6a); von dem Gegensatz: Bund des Gesetzes und des Geistes (6 bis 9) werden dem Hauptgedanken: Gemeinde, ein Brief Christi, zugeordnet.
Damit gewinnt die Überlegung Raum, ob denn auch heute Gemeinde - im erweiterten Sinn - als Brief Christi erkennbar ist.
Diese Frage wird anhand von Beispielen erörtert. Die Herkunft dieser Fragestellung durch das Konfirmandengespräch in den Annäherungen an den Text, sollte als Eingang zur Predigt benutzt werden.
Die anderen Beispiele sind variabel. Sie beziehen sich auf die Ortsgemeinde, auf Einzelseelsorge, auf eine Paragemeinde (Friedensarbeit), auf das Wirken des Geistes im politischen Bereich (Vergebung und Versöhnung).
Bei dem letzten Beispiel wird der Gedanke aufgenommen, daß der Buchstabe tötet, der Geist aber lebendig macht.
Eine neutestamentliche Illustration findet diese Aussage in der Geschichte von der Ehebrecherin (Johannes 8,1 bis 11). Diese Belegstelle könnte natürliche auch für ein anderes Beispiel, als das von Nelson Mandela, herangezogen werden.
Die Predigt geht am Schluß davon aus, daß der Brief Christi auch heute erkannt werden kann. Die Strahlung des Geistes Christi überstrahlt den Glanz dieser Welt und die mosaischen Gebote. - In diesem Zusammenhang gibt es auch keinen antijudaistischen Affekt, sondern das christliche Zeugnis, daß der alte Bund im neuen seine Vollendung erfährt.

Vorschläge zur Liturgie

In unserem Text ist viel vom Geist Christi die Rede und von dem Glanz des Evangeliums. *Lieder* unterstreichen dieses Bekenntnis:
EKG 125 / EG 159, 1 bis 3 »Fröhlich wir nun all fangen an«
EKG 99 / EG 124, 1 bis 2 »Nun bitten wir den Heiligen Geist«
EKG 103 / EG 130, 1 bis 3 »O Heiliger Geist, kehr bei uns ein«
EKG 112 / EG 140, 1 bis 5 »Brunn alles Heils«

Vor dem Segen wird in manchen Gemeinden als liturgisches Stück die *Friedensbitte* gesungen:
EKG 139 / EG 421,1

An den ewigen Bund erinnert *Psalm* 111. Er kann im Wechsel mit der Gemeinde gebetet werden.
EKG Seite 40 / EG Nr. 744

Eingangsgebet
Du, heiliger Gott, der Gebote des alten Bundes
und des Evangeliums, das uns
durch Jesus Christus gegeben ist.
Wir danken dir, daß wir mit dir
reden können wie Kinder mit ihrem
lieben Vater reden
und wie Geschwister mit ihrem lieben Bruder.
Du hast uns wissen lassen, daß du
die vielen Stimmen unserer Gebete hörst
und hast uns ermutigt, nun auf deine
Stimme zu lauschen;
ob sie uns erreicht von innen her
und durch die Worte der Heiligen Schrift.
Erneuere uns in diesem Gottesdienst,
vergib uns Schuld und Sünde
und gib uns Kraft und Zuversicht
für die kommende Woche.

Wir beten zu dir in der Stille …

Das nun folgende *Fürbittengebet* ist mehrteilig. Es könnte von mehreren Lektoren gesprochen werden. Die Gemeinde antwortet nach jedem Teil mit dem gesungenen »Herr erbarme dich«, im EG Nr. 178, II.
Dieses könnte auch in der Fassung gesungen werden
»Gott, erhöre uns, erhöre uns
Gott, erhöre uns, Gott erhöre uns.«
Das Gebet gedenkt der Menschen, die im »Brief Christi« eine Verantwortung tragen.

1.
Liturg/in: Du, unser Gott,
wir gedenken der Menschen,
die fröhlich ihre Straße ziehen,
weil sie dein Wort vernommen haben
und eine Zukunft sehen.
Mache sie zum Leuchtturm der Hoffnung
unter ihren Mitmenschen, unter denen,
die verzweifelt sind, weil sie mit sich
und ihrer Umwelt nicht zurande kommen.
Mache ihre Fröhlichkeit anrührend

wie die Melodie einer Geige,
daß die Schwermütigen aufhorchen
und die gebückt sind, sich aufrichten.
Darum beten wir zu dir:
Alle: Herr, erbarme dich/oder Gott erhöre uns ...

2.
Liturg/in: Du, unser Gott
wir gedenken der Menschen,
die mutig sind etwas anzupacken,
weil sie sich ihrer Kraft bewußt sind
im Lichte des Evangeliums.
Mache sie ermutigend wie einen frischen Wind
für alle, die verzagt sind und sich leer fühlen,
daß auch die Verzagten Kraft finden,
ihren Weg zu gehen von Tag zu Tag.
Darum beten wir zu dir:
Alle: Herr, erbarme dich/oder Gott erhöre uns ...

3.
Liturg/in: Du, unser Gott
wir gedenken der Menschen,
die wahrhaftig sind
und ohne Notlügen auskommen.
Mache sie zu einem Fels
in der Brandung leerer Worte
für alle, die niemandem mehr vertrauen wollen,
weil sie den Wortbruch fürchten;
weil sie belogen und betrogen wurden
und an ihrer Umwelt irre geworden sind.
Darum beten wir zu dir:
Alle: Herr, erbarme dich/oder Gott erhöre uns ...

4.
Liturg/in: Du, unser Gott
wir gedenken der Menschen,
denen du die Gabe verliehen hast
gütig zu sein.
Mache sie zu Boten unter denen,
die Hilfe brauchen,
weil sie hungrig sind;
ohne Dach über dem Kopf:
zu unrecht verfolgt
auf der Flucht; ohne bleibenden Wohnsitz;
ohne Arbeit; krank, einsam, in Todesnähe.

Sende Boten der Liebe Christi
mitten in unsere Arbeitswelt,
in der so oft das Böse regiert.
Gib auch uns die Kraft,
Bote der Menschlichkeit zu sein, immer wieder,
ohne unser Wissen, durch den Heiligen Geist.

Wie beten gemeinsam das Gebet Christi:
Vater unser ...

Vorschlag zur Predigt

1.
Liebe Gemeinde!
Eine Pastorin hat diesen Text »Konfirmanden« vorgelegt. Er schien ihnen zunächst schwer verständlich. Aber dann gab es doch Stellungnahmen, unter anderem zu der Anrede: »Ihr seid ein Brief Christi«. Eine Konfirmandin meinte erfreut: »Stellt euch vor, wir sind auch ein Brief Christi«, wobei ein anderer Konfirmand ihr - recht verschreckt - antwortete: »Also, wenn ich ein Brief Christi bin, dann schrecke ich die Leute eher ab«.
In der Tat, zwischen diesen beiden Positionen, Freude und Erschrecken bewegt sich das Bild von Kirche unter den Gemeindegliedern.
Schon damals war das so, als der Apostel Paulus diesen Brief schrieb: Auf der einen Seite Kritik an Paulus und seiner Mission; auf der anderen Seite das leidenschaftliche Eintreten des Apostels für die Gemeinde als ein Brief Christi; nicht nach dem Buchstaben, sondern nach dem Geist.

2.
Sind wir heute auch in einer normalen Gemeinde ein Brief Christi, geschrieben durch den Heiligen Geist?
... In einem Brief wird eine Gemeinde vorgestellt durch einen Pfarrer, der seinen Ort gerade wechselt und sich der vielen Aktivitäten in der alten und in der neuen Gemeinde bewußt wird.
... Ergebnis: Er staunt, wie viele Menschen ihre Mitarbeit zur Herzenssache gemacht haben.
... Ein Brief Christi: Die Begleitung eines einsamen, alten Menschen in den alltäglichen Verrichtungen mit liebevoller Geduld.
... Ein Brief Christi, jenen ins Herz geschrieben, die in einer Friedensgruppe arbeiten ... Es geht ihnen um neue Atomversuche. Sie wollen die Öffentlichkeit und das Gewissen der Politiker wachrütteln. Sie wollen die Schöpfung Gottes bewahrt wissen für Kind und Kindeskinder.

3.
Der Apostel schreibt: »Nicht, daß wir tüchtig sind von uns selber; ... sondern, daß wir tüchtig sind, ist von Gott.«

Unabsehbar ist der Ruf Gottes an unser Gewissen und in die Nachfolge des Geistes, der von Christus ausgeht.
Gottes Geist wendet sich aber nicht nur an Christen, sondern an alle Menschen. Aber es ist Sache der Christen, dies im Namen des Evangeliums zu bezeugen.
Im Namen des Evangeliums haben sie auch zu bezeugen, daß die Ordnungen der Mächtigen einen Hang zur Unbarmherzigkeit haben.
... In der Geschichte von der Ehebrecherin, im Johannesevangelium, wird dies durch Jesus aufgedeckt.
... So hat uns Christus das Wort von der Vergebung ins Herz geschrieben. Es ist dies der geheimste Teil des Briefes Christi. Denn dort, wo sich Vergebung ereignet, ist das Innerste zwischen Mensch und Mitmensch angerührt; dann aber auch zwischen Gliedern von Parteien und Gliedern von Völkern ...
... Als Nelson Mandela, Gefangener der Weißen in Südafrika, zuinnerst vergeben hatte, wurde sein Wort mächtig. Und die Millionen der Schwarzen in diesem Land konnten plötzlich mit ihm vergeben und verzeihen.

4.
Deshalb geht von dem Brief Christi, seiner Wahrheit, seiner Liebe und seines Friedens in uns ein Leuchten aus, das alle Herrlichkeit, allen Ruhm, alle Mächte und Ordnungen überstrahlt.
Auch Mose mit den Geboten für das Menschsein im alten Bund wird überstrahlt von der Herrlichkeit des neuen Bundes im Evangelium von Jesus Christus.
Weil Gott dieses Evangelium in unsere Herzen legt, brauchen wir uns vor der Zukunft nicht zu fürchten; auch nicht vor der Zukunft unserer Kirche und der Christenheit und auch nicht vor der Zukunft der Welt.
Christus spricht: »Siehe, ich bin bei euch alle Tage bis an das Ende der Welt.«

21. Sonntag nach Trinitatis

Annäherungen an den Predigttext 1. Korinther 12,12-14. 26-27

Ute Rolker, Ernst Arfken

Ein Interview

A.: Frau Rolker, nachdem Sie den Text gelesen haben, befinden Sie sich in einer ähnlichen Lage wie die Gottesdienstbesucher in dem Augenblick, als sie den Predigttext gehört haben und die Predigt beginnen soll. Nur haben Sie den Vorteil, mehr Zeit zum eigenen Nachdenken verwenden zu können. Würden Sie die ersten Eindrücke und Gedanken wiedergeben, die dieser Bibelabschnitt in Ihnen hervorgerufen hat?

R.: Der Text ist sehr bekannt und mir gut vertraut. Man könnte ihn sogar als »kirchlich überstrapaziert« bezeichnen. Deshalb besteht die Gefahr, ihn gar zu schnell zu übertragen: Leib = Kirche; Glieder = ich und andere getaufte Christen. Damit hat sich dann das Thema erschöpft. In einem zweiten Gedankengang muß der Text neu aufgeschlüsselt werden. Dabei kann auffallen, daß hier soziale Gruppen genannt werden: Juden - Griechen, Sklaven - Freie. Damit hat der Text eine politische und aktuelle Seite. Vor allem das Wort »Juden« macht mich helhörig. Ich war 1961 auf dem Berliner Kirchentag dabei, als in der Arbeitsgruppe »Juden und Christen« das Thema zum ersten Mal in breiter Öffentlichkeit diskutiert wurde.
Die Betrachtung der Passionsgeschichte ist oft der Anlaß zu gesteigertem Judenhaß gewesen. Mich springt es immer noch wie ein Tiger an, wenn ich in J. S. Bachs »Johannes-Passion«, so sehr ich sie schätze, von »den Juden« höre, gesungen weitaus härter als nur gesprochen oder gelesen. Da bin ich Paulus dankbar. Er bindet uns hier mit den Juden fest zusammen. Ohnehin haben sie mit uns den größten Teil unserer Bibel gemeinsam. Wir sind mit ihnen - ich will nicht sagen: »an den Leib Christi«, aber doch - an den »Leib Gottes« gebunden. Paulus spricht zwar von den Judenchristen. Wenn ich aber an manche engherzigen Christen denke, die mir erst eine Rechtgläubigkeitsprüfung abverlangen, bevor sie mir Gemeinschaft gewähren, dann fühle ich mich doch manchen Juden geschwisterlich enger verbunden, die wie ich Wartende sind in der Hoffnung auf das Kommen des Messias, wartend auch als im Glauben noch Unfertige, die der Vollendung entgegensehen, weil sie die Fülle des Glaubens in diesem irdischen Dasein noch nicht besitzen. Wir Christen sind mit dem Judentum enger verwandt als mit irgendeiner anderen Weltreligion.

Wenn Paulus von den »Sklaven« spricht, denke ich dabei nicht nur an die Zustände in seiner Zeit, sondern auch an die vielen Menschen heute, die innerlich versklavt, die zwanghaft sind, und doch in der christlichen Gemeinde beheimatet und von ihr getragen werden müssen.

A.: Ich möchte Ihnen nun einige Fragen stellen, die ich mir auch stellen muß, wenn ich über einen Bibeltext eine Predigt halten soll. Was würden Sie als »frohe Botschaft«, als das Evangelium aus diesen Paulus-Worten heraushören?

R.: Ich spüre in diesem Text wenig Dogmatik (obwohl ich auch nichts dagegen hätte), aber um so mehr Freiheit. Jeder darf so, wie er ist, zum Leib Christi gehören. Er muß nicht erst »zurechtgehobelt« werden. Das ist ein sehr humanes Prinzip. Ich darf mich selber fragen, welche Gaben ich mitbringen kann. Die Kirche ist keine Interessengemeinschaft, sondern ein »Leib«, weil einer die Last für jeden trägt.

A.: Zum Wesen der Predigt gehört, daß sie nicht nur eine Mitteilung von Wissenswertem, nicht nur eine Darstellung von Glaubensinhalten ist, sondern ein Geschehen. In ihr bewegt sich etwas, im Gegensatz zum Zeitungslesen, das sich auf eine bloße Kenntnisnahme beschränken kann. Wo sehen Sie hier Ansätze dazu?

R.: Hier wird dem Menschen Freiheit geschenkt. Es wird ihm zugesprochen, daß er angenommen ist. Von Selbstzweifel und Angst, er sei zum Christsein nicht tauglich, wird er geheilt.

A.: Fulbert Steffensky fordert mit Recht, es müsse erkennbar sein, wogegen und wofür gepredigt wird.

R.: Auch in der Kirche gibt es viel Konkurrenzdenken und viel Eitelkeit. Christen müssen lernen, sich auch an den Erfolgen anderer freuen zu können. Sie müssen aufhören, sich miteinander zu vergleichen und sich durch Leistungen gegenseitig übertreffen zu wollen.

A.: Und wo, meinen Sie, wird in diesem Bibelworten Christus erkennbar?

R.: Christus ist hier nicht nur das Haupt, sondern der Leib selbst. Darum ist auch Christsein nicht nur Kenntnis oder Erkenntnis, nicht nur Zustimmung zu gewissen Richtigkeiten, sondern ein neues Sein.

Zum Gottesdienst

Hanne Köhler

Exegetisch-homiletische Skizze

Das Bild vom Leib Christi für die Kirche ist bekannt. Auch die Vorstellung von den vielen verschiedenen Gliedern, die einen Leib bilden ist vertraut, zu Zeiten des Paulus genauso wie heute. (vgl. die einschlägigen Kommentare zu 1. KorintherInnen und RömerInnen 12 – die Zitationsweise mit dem großen I macht deutlich, daß die angeschriebenen Gemeinden aus Frauen und Männern bestanden und wird durchgängig benutzt, um die in den Hintergrund gedrängten Glieder des Leibes Christi zu ehren, s. u.) Die Vertrautheit mit dem Leib-Glieder-Gleichnis führt allerdings nicht dazu, daß die (kirchen-)politische Gefahr in diesem Bild durchgängig wahrgenommen wird. Luise Schottroff geht darauf unter der Überschrift »Die Selbstlegitimation des Patriarchats als harmonischer Organismus« in ihrem Buch »Lydias ungeduldige Schwestern« (Gütersloh 1994) ein: »Die Durchsetzung von Herrschaft (weniger) Menschen über (viele) andere Menschen wird in der patriarchalen Herrschaftsideologie oft mit Bildern oder Metaphern legitimiert, die eine Gemeinschaft symbolisieren und das Überleben der Gemeinschaft an die Notwendigkeit von Unterschieden zwischen den beteiligten Menschen knüpfen. ... Es ist interessant, daß Paulus ... gegen die Herrschaftideologie der Leib-Glieder-Gleichnisse kritisch ist. Er verwendet das Gleichnis, setzt Unterschiede in den Gemeinden voraus, verlangt aber im Gleichnis, einen Ausgleich an Ehre (*time*) für die schwächeren Glieder, die weniger angesehen sind (1 Kor 12,23–24). ... Ich sehe also in 1 Kor 12 nicht eine patriarchale Legitimation von Unterdrückung durch das Bild vom Einen Leib und seinen Gliedern, sondern eine herrschaftskritische Aufnahme des Bildes im Interesse gerechter Beziehung in den Gemeinden.« (a. a. O. S. 54 – 55)

Es wird darauf ankommen im Gottesdienst diesen Unterschied deutlich zu machen, also unbedingt den Inhalt der herausgeschnittenen Verse 15 – 25 zu beachten. Das Leib-Glieder-Gleichnis könnte sonst, entgegen der Intention des Paulus, zur Rechtfertigung dafür genutzt werden, warum die einen in der Kirche dienen, während die anderen die Entscheidungen treffen. Das Stichwort »Ehre« legt nahe, die eigene Gemeinde einmal unter dem Blickwinkel anzusehen, wer übt welches Ehrenamt aus, welche Ehre ist damit verbunden? Vermutlich wird eine solche Überprüfung schnell zeigen, wie sehr Ehrenämter in Kirchengemeinden geschlechtsspezifisch besetzt sind. Frauen putzen, backen, basteln, verkaufen, dekorieren; Männer stellen die Haushaltspläne auf, übernehmen den Vorsitz und entscheiden Bauangelegenheiten. Welche Posten sind mit Ehre verbunden? Welche Ehrenamtlichen sind die geringeren Glieder, denen Gott höhere Ehre gegeben hat (Vers 24)?

Wichtig ist die in Vers 25 beschriebene Zielrichtung des Miteinanders, »damit ... die Glieder in gleicher Weise füreinander sorgen.« Dieser Aspekt wird dann in Vers 26 unter den Stichworten »mitleiden« und »mitfreuen« entfaltet. Welche Gaben (Charismen, durch Gottes charis/Gnade, geschenkte Begabung) innerhalb der Gemeinde lassen »füreinander sorgen«, »mitleiden« und »mitfreuen« zur Realität werden? Oft wird das nicht die Gabe der freien Rede sein, sondern die Umarmung, der Blick, der zum Reden ermuntert, die Tasse Tee, die zum Bleiben auffordert. Wie achten wir

diese Charismen? Und wie verhindern wir, daß Frauen (und Männer) nur auf die jeweiligen dem Geschlecht zugeschriebenen Gaben festgelegt werden, ohne wirklich entfalten zu können, was Gott ihnen zutraut? Wenn Frauen genauso selbstverständlich den Finanzausschuß leiten, wie Männer während des SeniorInnennachmittages bei Tisch bedienen, zuhören und hinterher den Abwasch erledigen, dann wird es vermutlich nicht mehr nötig sein, über die unterschiedliche Wertschätzung der einzelnen Glieder im Leib nachzudenken. Dann wird Kirche als Leib Christi erfahrbarer sein. Aber bis dahin werden wir noch oft genug bedauern, daß Paulus sich in Vers 13 zwar auf GalaterInnen 3,28, die Taufverkündigung alle seien eins in Christus, bezieht, aber das dritte Begriffspaar der Taufformel »nicht männlich und weiblich« unerwähnt läßt. (vgl. dazu Elisabeth Schüssler Fiorenza, Zu ihrem Gedächtnis, München 1988, S. 255–295)
Wir sind wirklich durch Gottes Geist in der Taufe ein Leib geworden, wir werden durch das Abendmahl weiter mit göttlichem Geist zu einem Leib gestärkt (so interpretiere ich das »mit einem Geist getränkt« in Vers 13), aber wie dieses »Leib Christi sein« gelebt werden kann und angesichts der drängenden Probleme dieser Welt gelebt werden muß, beginnen wir erst zu ahnen.
In der Predigt werde ich also das »Leib Christi sein« von Kirche thematisieren. In der Liturgie möchte ich aufnehmen, daß Paulus mit dem Leib-Glieder-Gleichnis einen Erfahrungshorizont in positiver Weise thematisiert, der in evangelischen Kirchen häufig zu kurz kommt: Leiblichkeit. Wir sind von Gott nicht als große Köpfe geschaffen, sondern mit unserem ganzen Körper. Bevor wir ein Leib-Glieder-Gleichnis wirklich verstehen können, brauchen wir wieder Zugang zu Körpererfahrungen. Im Gottesdienst bietet es sich also an, möglichst viele Sinne anzusprechen, neben dem Hören das Reden (der ausgewählte Psalm von J. Morley thematisiert unsere Erschaffung durch Gott, mit den oft Frauen zugeschriebenen Eigenschaften des »Mitleidens« und »Mitfreuens«, vgl. zum Psalm auch Jürgen Ebach, Kassandra und Jona. Frankfurt 1987, S. 47–54) und möglichst in viel stärkerem Maße als sonst, das Singen (daher die vielen Liedvorschläge - an diesem Tag darf die Predigt ruhig kürzer ausfallen, wenn dafür der Körper in den Liedern mitschwingt. Wo Lieder mit Bewegungen bereits eingeübt sind um so besser!). Wenn es darüber hinaus noch etwas zu schmecken gibt (Abendmahl), etwas zu riechen (frisches Brot oder duftende Blumen oder sonstige dosierte Wohlgerüche) und wenn etwas zu sehen ist (Plakate mit Strichzeichnungen von Körperteilen in der Kirche verteilt; Bilder von Ehrenamtlichen, die sonst eher unsichtbar sind; ein aufmerksam geschmückter Gottesdienstraum; Dias von Frauen, Kindern und Männern aus aller Welt: verschieden, aber eins im Leib Christi), dann lassen sich auch theologische Spitzensätze besser verdauen.
Für diesen Gottesdienst gut geeignet sind einfache Körperübungen (z.B. Stehen »aufgerichtet zwischen Himmel und Erde« oder unterschiedliche

Gebetshaltungen zur Konzentration, zur Öffnung für Gott, zum Wahrnehmen von Gottes Wort in den Menschen neben mir etc.). Solche Körperübungen sollte allerdings nur anleiten, wer damit bereits Erfahrungen gemacht hat.

Vorschläge zur Liturgie

Votum

Im Namen Gottes feiern wir miteinander.
Gott hat uns gemeinsam mit aller Kreatur geschaffen.
Jesus Christus öffnet uns die Augen für andere
überall auf dieser Welt.
Gottes Geist macht uns, heute und hier, zum Leib Christi. Amen.

Eigangspsalm

(nach Psalm 139 im Wechsel gelesen)
Gott ist mein starker Fels, auf den ich gründe,
und all mein Vertrauen schenke ich Ihr.
    Tief in meiner Mutter Schoß kannte Sie mich;
    noch bevor meine Glieder sich formten,
    sehnte Sie sich nach mir.
All meiner Bewegungen
erinnert Sie sich mit Anteilnahme,
    und als ich noch nicht zu sehen war,
    hatte Sie mich schon im Sinn.
Ihre Kraft hat mich ans Licht gezogen;
Sie war es, die mich zur Welt brachte.
    Ihre Hände hielten mich sicher;
    Sie umsorgte mich an meiner Mutter Brust.
Wenn ich stammle,
formt Sie die Worte in meinem Mund,
    und wenn ich schweige,
    hat Sie meine Gedanken verstanden.
Schreie und tobe ich,
hört Sie mein Flehen und meine Unsicherheit.
    Wenn ich Angst habe, bleibt Sie mir nahe,
    und wenn ich voller Entsetzen bin,
    verbirgt Sie nicht Ihr Gesicht.
Kämpfe ich gegen Sie, so läßt Sie mir Raum,
und wenn ich Ihr widerstehe,
nimmt Sie es mit meiner Kraft auf. …
    Allen, die schwach sind, zeigt Sie Ihr Mitleid,
und die, die niedergedrückt sind, richtet Sie auf. …

Gott ist der Fels, auf den ich gründe,
und der Sinn meines Seins liegt in Ihr;
denn ohne Gott gibt es keine Gewißheit,
und fern von Ihr ist kein Ort der Sicherheit.

(Janet Morley, Preisen will ich Gott, meine Geliebte, Verlag Herder, Freiburg 1989, S. 16–17, gekürzt)

Lied

Text (nach Psalm 139): Eugen Eckert. Melodie: Torsten Hampel. Aus: »Alles, was lebt«.

Schuldbekenntnis
Christus, wir sind dein Leib,
nicht weil wir uns diesen Namen ausgewählt haben,
sondern weil du uns so genannt hast.
Wir wundern uns über dein großes Zutrauen zu uns,
und wir bedauern unsere Versäumnisse.
Christus erbarme dich
Wo wir durch falschen Stolz und durch selbstsüchtige Unabhängigkeit
gesagt haben, »ich bin nicht Teil des Leibes ...«
Christus erbarme dich
Wo wir aus Überheblichkeit oder Mangel an Liebe
gesagt haben, »ich brauche dich nicht ...«
Christus erbarme dich
Wo wir gewußt haben, daß andere Glieder deines Leibes leiden,
und uns geweigert haben, ihren Schmerz zu teilen ...
Christus erbarme dich
Wo wir gesehen haben, daß andere Glieder deines Leibes sich freuen,
und uns ihr Glück verdächtig vorkam oder Anlaß zum Spott wurde ...
Christus erbarme dich
Wo wir, statt dein Leib zu sein,
nur unserer eigenen Theologie,
unserer Tradition und unseren Vorurteilen gedient haben,
wo wir nur die geliebt haben, die uns ähnlich waren ...
Christus erbarme dich
(Stille)
Reicht als Leib Christi einander die Hände
und werdet eins.
(alle reichen sich die Hände)
Christus, hier ist dein Leib:
frustriert und fehlbar,
schwach und leichtgläubig,
müde.
Aber durch dich können wir neu werden.
Als dein Leib, warten wir auf dein Wort.
(Stille - dann direkt die Gnadenzusage)

(eigene Übertragung ins Deutsche nach Iona - Daytime Liturgy 1, aus: Wild Goose Worship Group, A Wee Worship Book, Glasgow 1989, S. 20-21)

Gnadenzusage
Christus spricht: »Wo zwei oder drei versammelt sind in meinem Namen, da bin ich mitten unter ihnen«. Matthäusevangelium 18,20 (Die Gemeinde kann sich dieses Gnadenwort in zwei Gruppen auch als Kanon zu singen - EG EKHN 563) oder
Gott spricht: »Ihr werdet heilig sein, denn ich bin heilig«. 3. Mose 19,2

Lesung
Entweder Markusevangelium 4,30–32 (Vom Senfkorn) anschließend Lied »Gottes Wort ist wie Licht in der Nacht« (EG EKHN Nr. 572) oder Matthäusevangelium 5,13–16 (Salz und Licht), was sich auch gut unterstreichen ließe mit dem Lied »Ihr seid das Salz der Erde« (tvd, Mein Liederbuch für heute und morgen, B 22)

Schlußgebet (formuliere ich immer aktuell)

Segen

Lied

2. Gottes Glanz umhülle dich. Gottes Nähe wärme dich. /
|: Gottes Geist erfülle dich mit Hoffnung, mit Hoffnung. :|

3. Gottes Ohr sei in dir wach, Gottes Auge in dir hell;
|: Gottes Hand sei in dir stark zum Frieden, zum Frieden. :|

4. Gottes Macht erhalte dich. Gottes Weisheit leite dich.
|: Gottes Liebe mache dich zum Segen, zum Segen. :|

Text: Eugen Eckert. Melodie: Winfried Heurich. © Strube Verlag, München–Berlin

Liedvorschläge
Unser Leben sei ein Fest (EG EKHN Nr. 555); Wir strecken uns nach dir (625); Alle Knospen springen auf (637); Du gibst die Saat und auch die Ernte (649); Daß ich springen darf (606 – dazu lassen sich leicht Bewegungen entwickeln); Einander brauchen mit Herz und Hand (tvd, Mein Liederbuch für heute und morgen, C 11)

Vorschlag zur Predigt

Möglicher Anfang

Gnade sei mit uns und Friede von Gott!

»Ihr aber seid der Leib Christi« - das verdeutlicht Paulus im 12. Kapitel des 1. Briefes an die Gemeinde in Korinth. Wir lesen daraus miteinander einige Verse:

(entweder gemeinsam aus ausgeteilten Bibeln oder Verse auf Liedblatt abdrucken - dabei Übersetzung in Vers 27b verbessern in »und jede und jeder von euch ein Glied« - und spontan Freiwillige von ihrem Platz in der Gemeinde aus jeweils einen Vers lesen lassen).

»Ihr aber seid der Leib Christi und jede und jeder von euch ein Glied.« Wir sind also der Leib Christi. Jede und jeder von uns ist ein Teil dieses Leibes. Gemeinsam sind wir die Kirche, aber wir tragen unterschiedliche Gaben zum Funktionieren dieses Organismus bei.

Manche sind Mund, reden viel oder sprechen aus, was gesagt werden muß, oder können in heiklen Situationen die richtigen Worte finden.

Manche sind Ohr, hören gut zu, hören zuweilen das Gras wachsen und können so frühzeitig neue Entwicklungen entdecken. Manche sind Nase, riechen, wenn etwas faul ist. Manche sind Hand oder sogar zwei Hände, packen an, wenn etwas zu tun ist, decken Tisch, backen Kuchen ...

Zum weiteren Verlauf

Ich zähle weitere mit Körperteilen beschriebene Gaben/Aufgaben in der Kirchengemeinde auf: Herz, Niere (als Sitz der tiefen Gemütsbewegungen, vgl. Psalm 139), Bauch, Rücken, Arm, Fuß ... Zuletzt: Manche sind Kopf, haben Überblick, geben die Richtung an, sitzen oben und leiten.

Welche Rolle haben Sie in dieser Kirchengemeinde oder in der Kirche insgesamt? Was sind Ihre Stärken, welche Gabe können oder könnten Sie beitragen? (Beide Fragen brauchen Zeit zum Überlegen!)

Einige der Körperteile werden mehr geachtet, einige Glieder von Kirche werden höher eingeschätzt als andere. Das führt zu unguten Entwicklungen. Schnell schreiben sich oben und unten fest. Der Kopf heimst alle Ehre ein, während diejenigen, die putzen und Kaffee kochen, nicht im Rampenlicht stehen. Auch in der Kirche haben die einen Macht, und viele andere schaffen hinter den Kulissen die Arbeit. (Ggf. geschlechtsspezifische Rollen thematisieren, vgl. exegetisch-homiletische Skizze). Paulus schreibt aber - in den ausgelassenen zehn Versen - daß Gott dem schlechter angesehenen Glied am Leib Gottes mehr Ehre gegeben hat.

Wen müßten wir dann in unserer Gemeinde ehren? Ich nenne beispielhaft Ehrenamtliche und Nebenamtliche, die die Schattenarbeit machen: ... Weil diese Frauen und Männer, Mädchen und Jungen hier mittun, gewinnt der Leib Christi hier bei uns in ... Gestalt.

Aber längst nicht alles, was zum »Leib Christi sein« gehören würde, füllen wir hier wirklich mit Leben. Einige Aufgaben, so drängend sie sind, müssen liegen bleiben, weil Mädchen und Jungen, Frauen und Männer fehlen, die hier ihre Stärken in die Kirche einbringen. ... (Konkrete Beispiele aufzählen, z.B. AK Asyl, Nachbarschaftshilfe, Obdachlosentreff). Das sind Aufgaben, die ich und andere bereits gesehen haben. Sicher fallen Ihnen und Euch noch weitere Bereiche ein, die zu einer Kirche in der Nachfolge Jesu Christi dazu gehören, die wir aber bisher vernachlässigen. Es gibt also noch genügend Platz unter uns für Christinnen und Christen, die mittun wollen. Wenn Sie Ihre Stärken in unserer Kirchengemeinde einbringen wollen, ist es am einfachsten, sie wenden sich an jemand aus dem Kirchenvorstand. (Heute z.B. sammeln am Ausgang ... Frau und Herr ... aus dem Kirchenvorstand die Kollekte ein.)

Möglicher Schluß
Aber auch wenn wir als Kirchengemeinde noch mehr tun und einzelne ihre Aufgaben noch besser erfüllen, wir werden nicht perfekt sein - genausowenig wie die Gemeinde in Korinth zur Zeit des Paulus. Gerade diese Gemeinde in Korinth, untereinander zerstritten, oft im Widerspruch zu Paulus, wird in unserem Briefabschnitt als Leib Christi beschrieben.
Leib Christi wird nicht durch hervorragende Menschen und eine gut geplante Organisation, sondern durch Gottes Geist.
Gottes Geist ruft uns in den Leib Christi hinein - dieses Dazukommen als neues Glied zum Leib Christi feiern wir in jeder Taufe. Gottes Geist stärkt uns, solange wir als Leib Christi unterwegs sind - dies erleben und feiern wir in jedem Abendmahl.
Darum sind wir Leib Christi und jede und jeder von uns ist ein Glied.
»Der Friede Christi, zu dem ihr berufen seid in einem Leibe, regiere in euren Herzen.« (KolosserInnen 3,15) Amen

Kontexte

Die 8. Kirchensynode der Evangelischen Kirche in Hessen und Nassau hat im Frühsommer 1995 »Leitbilder der Kirche« behandelt, die zum einen die Verständigung nach innen ermöglichen, darüber, welche Gestalt Kirche haben soll und was ihr Auftrag ist, zum anderen die Frage beantworten, an welchen Merkmalen Kirche von außen erkennbar ist. Diese Leitbilder ergeben nur in der Zusammenfügung das Ganze von Kirche. Als eins der Leitbilder wird Leib Christi beschrieben: mit der Unterüberschrift »Einheit und Gleichwertigkeit«.
»Die Einheit der Kirche entsteht nicht von selbst. Sie ist auch nicht das Ergebnis einer bestimmten Organisationsform.
Paulus wählt das Bild vom Körper - einerseits, um zu verdeutlichen, daß die einzelnen Christinnen und Christen aufeinander angewiesen sind, andererseits, um ihre grundsätzliche Gleichwertigkeit auszudrücken.

Im Bild vom Leib Christi wird die Verbindung der einzelnen Christin, des einzelnen Christen mit Christus ausgedrückt. Unterschiedlichkeit muß daher nicht bedrohlich erscheinen, Konflikte bieten die Chance konstruktiver Auseinandersetzungen.
Christus selbst ist die Einheit in der Verschiedenheit. Jede Christin, jeder Christ ist durch die Taufe mit Christus verbunden. Christinnen und Christen repräsentieren gemeinsam Christus in ihrer Zeit (allgemeines Priestertum der Gläubigen). (1 Kor 12,12 f.)« (aus der Vorlage des Theologischen Ausschusses vom 12. 6. 1995).
Beide als Lesung vorgeschlagene Texte werden ebenfalls als »Leitbilder für Kirche« entfaltet: »Licht der Welt - Salz der Erde« mit den Stichworten Prophetisches Amt, Ökumene, »Senfkorn« mit den Stichworten Hoffnung und Unverfügbarkeit.

»Wir sitzen alle im gleichen Boot!« »Stimmt, nur die einen genießen die Aussicht, während die anderen rudern!«

Zur Halbzeit der Ökumenischen Dekade Solidarität der Kirchen mit den Frauen veröffentlichte der ÖRK als gottesdienstlichen Text folgende »Bekräftigung der Verpflichtung«:

Bekräftigung der Verpflichtung (im Wechsel gesprochen)

Wir sind viele, doch eins in Christus.

Wir freuen uns über unsere Vielfalt.
Wenn wir verschiedener Meinung sind, wollen wir
miteinander reden und aufeinander hören.

Wir freuen uns über unsere Verantwortung.

Wenn wir stark sind, wollen wir andere an unserer
Stärke teilhaben lassen.

Wenn wir schwach sind, wollen wir uns über die
Stärke anderer freuen.

Wir wollen Vertrauen zueinander haben - und
aufeinander hören.

Wir wollen miteinander teilen - und aufeinander hören.

Wir wollen beten - und aufeinander hören.

Wir wollen hoffen - und aufeinander hören.

Wir wollen träumen - und aufeinander hören.

Wir wollen einander lieben - und aufeinander hören.

Alle: Wir wollen uns über die Ganzheit
unseres gemeinsamen Lebens freuen.
Wo es auseinandergebrochen ist,
wollen wir auf Versöhnung hinarbeiten.
Wo es zurückgebildet ist,
wollen wir seine Fülle anstreben.
Gott möge uns helfen, jetzt und immerdar.

(aus: The World Council of Churches, Ich werde meinen Geist ausgießen - Gottesdienst und Gebete, Genf 1993)

Reformationsfest

Annäherungen an den Predigttext Philipper 2,12–13

Hans Jürgen Milchner

Ich habe den für den Reformationstag vorgeschlagenen Predigttext mit einem Kreis junger Erwachsener besprochen. Es ist ein kurzer Text, der es in sich hat, der auf den ersten Blick die Frage aufkommen läßt, was denn dieser Text mit Luther und der Reformation überhaupt zu tun haben solle.
Erste spontane Äußerungen: Einmal lesen und hören reicht nicht; schwere Begriffe tauchen auf, die ich nicht einordnen kann: Heil, Furcht und Zittern, Wollen und Vollbringen, Begriffe, die aus dem damaligen Kontext erklärt und für den heutigen Sprachgebrauch verstehbar gemacht werden müssen. Typisch Bibeltext: schwere Begriffe, die man nicht auf die Reihe kriegt, eine andere Verstehenswelt, die so gar nicht auf den Reformationstag passen will. Wie können wir den Begriff ›Gottes Wohlgefallen‹ erkennen, ist dieser nur eine Schrift geworden, oder kann man ihn woanders noch ablesen?
Nähere Informationen wünschen wir uns, was die Begriffe »Wollen und Vollbringen« bedeuten, an diese Begrifflichkeiten muß sich vorsichtig angenähert werden. Die Frage taucht auf, ob Martin Luther auch einmal zu diesem Text gepredigt hat, wie hat er wohl diese termini definiert? Die Härte der Begriffe »Furcht und Zittern« fiel auf, stehen wir in einem Abhängigkeitsverhältnis Gott in Furcht und Zittern gegenüber? Was ist mit der Freude im Glauben? Will Paulus seiner Gemeinde nur drohen, will er sie ermahnen während seiner Abwesenheit? Es fehlen Zuspruch und Ermutigung, wo kann dieser Text mit seinen Begriffen den Menschen Mut zusprechen und Hoffnung, soll trotz allem zu Gott und seiner Gemeinde halten? Sind wir Menschen nur ›Glaubensmaschinen‹, die funktionieren müssen, die in Furcht und Zittern im Glauben ausharren? Was ist das Befreiende an der befreienden Botschaft, besonders an dem Tag, an dem sich die evangelische Kirche der Knechtschaft der damaligen Kirche bewußt ist.
Was sagt mir dieser Text persönlich? Gute Frage – beim ersten Betrachten: fast nichts! Es ist nicht unsere Sprache. Möchte sich Paulus und der Gemeinde nur gute Vorsätze schaffen, im Glauben gut und gehorsam zu leben? Wie sieht es mit unseren eigenen guten Vorsätzen aus, wie lange hal-

ten diese? Gehorsam gehört schon dazu, Gehorsamkeit, die aber nicht festbindet oder anbindet, sondern die verbindet mit all den Menschen, die vor uns schon im Glauben gelebt haben, gehorsam den Geboten Gottes und den Weisungen Jesu Christi gegenüber. Muß ich unter diesem Druck stehen? Muß ich ›blind‹ oder ›konstruktiv‹ gehorsam sein, um Gottes Wohlgefallen zu finden? Wie kann man auch positiv über diesen Begriff »Gehorsam« nachdenken, gehört nicht auch ein Stück Gehorsam zum Glauben und Leben dazu?
Der biblische Text entspricht nicht unserer Lebenserfahrung, hier finden sich keine Beispiele zum Glauben und Handeln wieder. Wir brauchen auch positive Erfahrungen im Glauben, Erfahrungen, die uns weiterhelfen. Worte, zu uns zum Handeln motivieren. Wie hätte Martin Luther hier reagiert? Welches Gottesbild verbirgt sich eigentlich hinter diesem Text - etwa ein strafender Gott, dem man nur in Furcht und Zittern begegnen kann - wo bleibt das Bild vom liebenden Vater, zu dem man zurückkehren und umkehren kann - wo ist das Bild eines Jesus, der einem sinkenden Petrus unter die Arme greift, um ihn wieder festen Grund unter die Füße zu geben?
Fremd bleiben uns weiterhin die Begrifflichkeiten »Wollen und Vollbringen«. Wie stehen diese Worte im Zusammenhang mit dem Wohlgefallen Gottes, was immer dieser auch sein mag? Wer oder was definiert diesen Wohlgefallen? Wir sollen uns - so der Apostel - um unser ›Heil‹ bemühen, uns würden Anweisungen oder Ratschläge interessieren, wie das vor sich gehen kann. Kann ich mich, muß ich mich um mein Heil mühen? Hier wird das Thema der Reformation schon greifbar. Ist der Glaube nicht vielmehr ein Geschenk für uns, die wir als Sünder und Gerechtfertigte vor Gott stehen? Wie kann man dieses Geschenk erklärbar und verständlich machen?
Zur Gestaltung einer Predigt am Reformationstag ist uns folgendes aufgefallen: Wir würden beginnen mit dem »sich mühen um das Heil« in drei Schritten: Wie stellt sich Paulus das für seine Gemeinde vor, was sind die Akzente Martin Luthers dazu, und wie können wir dieses »Mühen« uns heute in der Gemeinde und im eigenen Leben sich vorstellen? Wir würden nach einem Gleichnis suchen, das diesen Text aufnimmt und aktualisiert. Aber: Christ-Sein ist nicht nur Aktion, sondern vielmehr auch Re-Aktion auf Gottes »Wollen« in uns. Kein blinder Eifer oder religiöser Aktivismus darf entstehen, sondern ein »sich Mühen«, weil Gott uns angesprochen hat, auf welche Weise auch immer. Wir würden als sichtbares Beispiel ein kleines Paket packen und es liebevoll mit Geschenkpapier und Schleifen verpacken. Das Geschenk des Glaubens muß ausgepackt werden. Was könnte Inhalt dieses Paketes sein: Brot und Wein, eine Kerze, ein Kreuz und der Lobpreis aus dem Philipper-Brief. Dieses Geschenk gilt es auszupacken. Man könnte das Auspacken verbinden mit den Erklärungen zu »Wollen und Vollbringen«.

Sicher, wir haben mehr Fragen als Antworten gefunden. Wir wünschen uns von einer Predigt, daß sie anschaulich und begreifbar macht, wie wir dieses Geschenk des Glaubens innerhalb Gottes Wollen und Vollbringen leben können, ihm zu einem Wohlgefallen.

Zum Gottesdienst

Friedhelm Borggrefe

Theologisch-homiletische Skizze

Im Bewußtsein der Gemeinde ist in unserer reformbedürftigen Kirche der Reformationstag nicht sonderlich stark. Luthers Lied »Ein feste Burg« von 1529, im neuen EG 363, im Kapitel »Angst und Vertrauen« unter »Glaube - Liebe - Hoffnung« registriert, könnte schon eher ein Erinnerungsmotiv sein. Und es würde sich lohnen, den Hintergrund auszuleuchten für eine Gemeinde, die angstfrei und ohne »Furcht und Zittern« glauben möchte. Die Reformation hat uns gezeigt, daß Glauben nicht nur mit Befreiung zusammenhängt, sondern, wie Kierkegaard sagt, ein »dialektischer Kampf« ist: »Nur wer das Messer zieht, empfängt Isaak«. Und es hilft nicht, Abraham zum Vater zu haben, sondern es muß klar sein: »Glaube ist Glaube in Anfechtung« (Ebeling).
Es geht nicht um die Begrifflichkeit des Textes, um »Wollen und Vollbringen«, »Gehorsam« - das Wort ist ohnehin schlecht im Kurs, - es geht natürlich um das »Heil«, aber nicht um die Klärung des Mißverständnisses, als müßten wir dafür schaffen und arbeiten; von solchem Arbeitsethos und Synergismus ist Paulus weit entfernt; aber es geht darum, daß der Glaube wirklich mit »Energie« verbunden ist, einer Energie, die bei aller Spannung, die sie auslöst als »Furcht und Zittern«, sich in Arbeit umsetzt. Es ist eine wichtige Beobachtung am Text, das »Schaffen« des Menschen, »Wirken« Gottes und »Vollenden« des Heils immer mit der gleichen Vokabel »energein« beschrieben wird.
Es hat sich für mich gelohnt, bei der Vorbereitung einen halben Tag Kierkegaard zu lesen, »Furcht und Zittern«, die Lobrede auf Abraham, den »Einzelnen, der sich in ein Verhältnis zum Absoluten setzt« und vom »Paradox seines Glaubens« und der »Resignation« als der letzten menschlichen Möglichkeit »Valet zu sagen«. Es hat mir gut getan, den TRE-Artikel von Alfred Schindler über Augustin zu lesen und Luthers Rede auf dem Reichtag zu Worms 1521.
Entschieden habe ich mich für eine Geschichte: 1527 wurde Leonhard Kaiser in der Nähe von Passau auf einer Insel im Inn verbrannt. Heute ist dort in der Kaimauer von Schärding ein Stein mit der Aufschrift: »Ein feste Burg

ist unser Gott. Leonhard Kaiser wurde hier verbrannt 1527–1927.« Niemand beachtet ihn. Die Geschichte dieses Mannes hat Luther sehr bewegt. Er hat sich für ihn eingesetzt, versucht, das Todesurteil zu verhindern. In einem Brief an seinen Augustinerbruder Michael Stiefel vom 22. Oktober 1527 spricht er von dem »herrlichen Schauspiel« der Gnade Gottes, die er an Leonhard Kaiser gezeigt hat: ein Kaiser wird er genannt, weil er den besiegt hat, dessen Gewalt keiner anderen gleicht auf Erden, - ein Priester, der seinen Leib hingegeben hat zum Opfer (Römer 12,1). - »Leonhard« wird er zu Recht genannt, daß heißt »Löwenkraft«. Gewiß war er ein starker und unerschrockener Löwe. -«
Ich möchte am Reformationstag gerne einen Beitrag geben zum Thema »Glauben« und »Glaubwürdigkeit« des Evangeliums. Text und EG 363 mit seiner Vorgeschichte will ich verknüpfen.

Vorschläge zur Liturgie

Nach dem Orgelvorspiel sollte die Gemeinde begrüßt werden (möglich nicht mit einem »Ich-Satz«) sondern: »Heute, am Reformationstag, versammeln wir uns, um uns bewußt zu machen, welchen Weg wir als Protestanten gegangen sind seit dem Thesenanschlag Luthers in Wittenberg 1517. Heute sind wir als Christen in allen Konfessionen unterwegs und suchen, Gott zu loben und neu nach dem Glauben zu fragen, den wir alle so nötig haben. Es ist nicht mehr zeitgemäß, Ketzerhüte zu verteilen und Menschen um ihres Glaubens willen den Prozeß zu machen zu verbrennen. Es geht vielmehr um das Lob Gottes, daß in allen Völkern erklingen werden soll. Die Brüder von Taizé beginnen so ihren Gottesdienst:
Laudate omnes gentes EG 181,6 (3x Lateinisch/3x Deutsch)
Choralvorspiel und »Ein fest Burg« (EG 363,1-3)
Introitus Psalm 46 (wo möglich mit EG 725 im Wechsel z. B Männer/Frauen)

Eingangsgebet
Heiliger Gott. Du hast uns durch die Reformation das Evangelium neu geschenkt und uns auf den Weg der Hoffnung gebracht. Wir haben uns auf dein Evangelium wie auf einen Besitz verlassen und daraus eine Institution gemacht. Wir sind deinen Weg nicht gegangen, sondern haben die Bequemlichkeit mehr geliebt. Darum sind wir wieder arm geworden. Vergib uns unsere Sünde. Laß uns dein Wort wieder neu hören und begreifen durch Jesus Christus.

Fürbittengebet
Liturg/in (L) Mit dankbarem Herzen rufen wir an den Vater und den Sohn und den Heiligen Geist:
Gemeinde (G) Erhöre uns, Gott, uns erbarme dich.

L für deine Kirche bitten wir um mehr Glaubwürdigkeit und Mut. Wir rufen:
G Erhöre uns, Gott, und erbarme dich.

L für alle, die Verantwortung haben und dir dienen, bitten wir und sprechen:
G Erhöre uns, Gott, und erbarme dich.

L für alle, die das Wort der Wahrheit zu verkündigen haben, bitten wir besonders, daß sie es in seiner ganzen Weite begreifen und auslegen, und sprechen:
G Erhöre uns, Gott, und erbarme dich.

L für alle, die verstrickt sind in menschliche Schwäche,
in Oberflächlichkeit und Irrtum, die keinen langen Atem haben,
bitten wir um Gottes Liebe und sprechen:
G Erhöre uns, Gott, und erbarme dich.

L für alle, die geplagt sind von Krankheit und Angst
bitten wir Gott, der uns führt und errettet und sprechen:
G Erhöre uns, Gott, und erbarme dich.

L um Vergebung aller unserer Sünden bitten wir den barmherzigen Gott und sprechen:
G Erhöre uns, Gott, und erbarme dich.

L Alles, was wir sind und haben,
alles, was Gott in uns angefangen und vollendet hat
alles, was wir von ihm empfangen
und unter seinem Schutz behalten dürfen,
befehlen wir seiner Gnade und der Weisheit seiner Führung
und geben ihm die Ehre, jetzt und immer.
G Amen.

Liedvorschläge
Seit Einführung des EG haben wir in unserer Gemeinde am Anfang des Gottesdienstes für 5 Minuten immer ein kleines offenes Singen mit unbekannten oder mehrstimmigen Liedern und Kanons versucht. Das hat viel Freude gemacht. Das Klima ist wärmer geworden. Zum Sammeln der Gedanken: 181,6; Eingangslied EG 362,1-3; Predigtlied: EG 125,1; Nach der Predigt: EG 362,4; Schlußlied: EG 193,1-3 oder EG 195,1-3. Wo Kinder im Gottesdienst anwesend sind und mitwirken können: EG 311,1-3 + Kanon. Schlußgesang: EG 175 oder EG 174.

Lesung
1. Mose 12,1-3 + Erzähllied EG 311,1-3

Vorschlag zur Predigt

Kein Reformationstag ohne »Ein feste Burg«. Das gehört dazu, dieses trotzige Protestantenlied. Wie oft habe ich mich dabei entdeckt, daß ich es nur schwer mitsingen konnte. Rüstungen, Waffen, Teufel, der rechte Mann, der Herr Zebaoth, spielen da eine Rolle. Und eben dieses Trotzige: Ein Wörtlein kann ihn fällen. Wie soll das gehen in unseren Machtstrukturen mit dem Wort? Wir machen eher Ohnmachtserfahrungen damit. Und an den Gedanken: Nehmen sie den Leib, Gut, Ehr, Kind und Weib, mag ich mich gleich gar nicht gewöhnen. Im Gegenteil: ich kämpfe dafür, daß eben das nicht geschieht. - Auch heute ist unsere Kollekte bestimmt für bosnische Flüchtlinge, die alles verloren haben. Und es ist uns Gott sei Dank, überhaupt nicht gleichgültig, was da mit Menschen gemacht wird.
Lieber Luther, Deine Reformation hat uns in viele Schwierigkeiten gebracht. Und der Papst, mit dem du dich auseinandergesetzt hast, ist immer noch am Drücker. Die Spaltung der Kirche, die gekommen ist nach dir, wir haben sie immer noch nicht überwunden, im Gegenteil, wir werden nicht damit fertig. Und vielen Menschen ist das überhaupt nicht egal, ob evangelisch oder katholisch. Ja, es haben sich in unseren Tagen junge Leute genug abgewendet von der Kirche und halten das ganze nur noch für wenig glaubwürdig. Wir haben eine Krise. Wir brauchen eine glaubwürdige, authentische Kirche.
Wenn ich den Luther ins Gespräch ziehen könnte, nicht hier auf die Kanzel, da würde er vielleicht wieder ganz mächtig predigen, - wenn ich mir den Luther bei mir zu Hause vorstelle, nicht in einer Talkshow, sondern ganz persönlich, - vielleicht würde er mir erzählen, daß es auch nicht so einfach war: »Damals, als das Lied entstand von der »festen Burg«, da warst du doch sehr betroffen, nicht wahr. Da ging es um einen Prozeß gegen einen Menschen, der dir sehr nahe war.«
- An dieser Stelle der Predigt könnte ein Rollenwechsel stattfinden und »Leonhard Kaiser« könnte seinen Auftritt haben. Oder die Frau von Leonhard Kaiser könnte folgenden Text - mit bayrischem Akzent - lesen (oder: es könnte einfach auf der Kanzel ein Brief geöffnet werden, den der PredigerIn in dieser Woche bekommen hat; er wird verlesen):
Am 16. August 1527 wurde mein Mann, Leonhard Kaiser, im Alter von 46 Jahren - er stand mitten im Leben - auf einer Sandbank am Innufer in Schärding, verbrannt. Seine Henker gingen dabei sehr grausam und ungeschickt vor, sodaß der Verurteilte in seiner Not noch anfing zu singen; er sang »Komm heiliger Geist«, und wir haben damals mitgesungen. - Ja, Leonhard war Pfarrer. Ich habe einen katholischen Priester geheiratet, und ich habe gewußt, was das bedeutet bei uns in Passau. Sie haben ihn nicht nur herausgeworfen aus der Kirche, er ist nicht nur zu dir nach Wittenberg geflüchtet, Leonhard hätte das nie gesagt: er hätte gesagt, ich will noch mehr vom Glauben lernen. Aber er ist mit Furcht und Zittern weggegan-

gen. Alles hat er zurückgelassen, den kranken Vater, die große Familie, seine Freunde. Oft hat er uns geschrieben. Ich hab' seine Briefe noch. Sie sind das einzige von ihm, was mir geblieben ist. Da steht alles drin, was er von der Reformation gelernt hat: Ob der Glaube allein ohne Zutun der Werke selig macht; seine Antwort: Ja. - Von den Werken sagt er, daß allein der Glaube handelt vor Gott, die Werke - das ist alles, was wir Gutes tun, - sind Zeichen des Glaubens. Er hat geleugnet, daß das Sakrament des Altars oder die Messe ein Opfer sei, denn Christus wurde nur einmal geopfert am Kreuz. - Komplizierte Sachen hat er mir geschrieben: Über den freien Willen, sagt er, daß der Mensch den in äußeren Dingen wohl habe, aber in den Dingen, die Gott gebietet zu tun oder zu halten, haben wir keinen freien Willen. - Einmal hab' ich mich gefreut: da schrieb er ganz einfach »Ein Priester kann auch heiraten, denn es heißt in der Bibel: Wachset und mehret euch.« Und er fügt hinzu: »Alle Christen sind Priester.« Das hab' ich auf mich bezogen. Seit Leonhard tot ist, will ich seine Stimme sein. - Übrigens: Was ich da in seinen Briefen schriftlich habe, das hat er später im Prozeß noch einmal wiederholt. Er hat ihnen klipp und klar die Wahrheit gesagt und sich nicht geschont. - Natürlich hätte Leonhard nicht zurückkommen dürfen damals, als der Vater ans Sterben kam. Aber er hat sich sicher gefühlt. Der alte Mann wollte halt seine Kinder noch einmal sehen. Und was tut mein Leonhard? Er reist bei Nacht und Nebel von Wittenberg hierher und da haben sie ihn natürlich verhaftet. Zuerst haben sie die Beerdigung des Schwiegervaters abgewartet und dann haben sie meinen Mann auf die Festung Oberhaus bei Passau gebracht. Viele haben sich eingesetzt für ihn, weil das alles Unrecht war: es ging ja nur um seinen Glauben! Alles hat nichts genutzt, die Briefe von Luther an seinen Kurfürsten nicht, unsere Eingaben an den Bischof von Passau und an die bayrischen Behörden nicht. Sie wollten ein Exempel statuieren. Es sollte abschreckend wirken. Sie wollten ihn umbringen. - Ich klage nicht an. Ich will das alles nur erzählen, damit es nicht vergessen wird. Ich weiß, ich hab' noch einen Trostbrief von Luther: das hat ihn damals sehr mitgenommen. Und er hat sich gefragt, warum nicht er selbst für seine Lehre einstehen könne sondern mein Leonhard. Ja, den Leonhard haben sie umgebracht, weil er gegen die Bannbulle von Papst Leo X. war und gegen den Reichtag von Worms protestiert hat. - Ich verstehe nicht ganz, was der Luther meint, wenn er mir schreibt: der Tod meines Mannes sei ein »Schauspiel der Gnade Gottes«, aber das andere verstehe ich wieder: Leonhard, daß heißt Löwe und Kaiser, das ist auch klar. Der Luther sagt: mein Mann hat seinem Namen Ehre gemacht. Das stimmt. - Und ein Lied soll er ihm gewidmet haben »Ein feste Burg ist unser Gott«. Ja, ja. »Gott ist unsre Zuversicht und Stärke, eine Hilfe in den großen Nöten, die uns getroffen haben.«

Die Predigt könnte dann als Kommentar zu diesem Text fortgesetzt werden. Tatsache ist, daß diese Geschichte eine Rolle spielt, als Luther sein Reformationslied dichtete. Heute ist in Schäding an der Ufermauer ein Stein. Er wurde 1927, am 400. Todestag des oberösterreichischen Märtyrers angebracht. Dort steht: »Ein feste Burg ist unser Gott. Hier wurde Leonhard Kaiser verbrannt. 1527-1027.« Eine ganz kleine evangelische Diasporagemeinde ist am Ort, siebenbürgische Flüchtlinge, sie halten das Gedächtnis an diesen Mann wach.

Mit Furcht und Zittern hängt unser Glaube zusammen. Unser Glaube ist nicht einfach Problemlöser für unsere Schwierigkeiten. Seit den Tagen Abrahams, den Juden, Christen und Muslime zum Vater haben, seit Menschen glauben, sind sie auf einen Weg gebracht, der nicht einfach angstfrei und problemlos ist. Im Gegenteil Glauben ist nie konfliktfrei: Abraham glaubte, seine Frau lachte. Abraham glaubte, und er log. Abraham glaubte, und er machte seine Kompromisse. Und die Sache mit seinem Glauben kam auf den Punkt, als er das Messer nahm und seinen Sohn umbringen wollte. Ja, er wollte wirklich. Ich kann das nicht verstehen, aber es kam der Punkt auf dem Weg des Glaubens, daß Abraham sagte: Nehmen sie den Leib!

Die Familie von Leonhard Kaiser muß sehr viel begriffen haben vom evangelischen Glauben, und die Brüder und seine Frau müssen sehr mutig gewesen sein. Sie haben den Eltern einen Grabstein gesetzt »Allain durch Christum. Erasmus Käser«. Damit ist eigentlich alles gesagt, worauf es ankommt für unseren Glauben. Das gibt ihm seine Kraft. Damit - so haben wir es immer und immer wieder erfahren - können wir leben und sterben. Das ist genug.

Viele meinen heute: glauben und schaffen, das sind zwei Paar Stiefel. Wenn ich schaffen will, dann arbeite ich. Und wenn ich glauben will, dann hab' ich mit Religion zu tun, gehe vielleicht sogar zur Kirche. - Aber unser Wort heute bringt das zusammen und macht uns klar: es geht um Energie. Glauben ist eine Energiefrage. Und diese Energie ist so groß: sie hält das ganze Glück und die ganze Angst meines Lebens zusammen. Diese Spannung kann ich aushalten. Wir sind keine Märtyrer wie der Pfarrer Leonhard Kaiser aus der Reformationzeit und ein Luther ist auch keiner von uns. Wir spüren alle, es geht nichts mehr so einfach zusammen. Da tut es uns gut zu hören: Glauben heißt: du kannst das Absurde in deinem Leben tatsächlich zusammenbringen: Furcht und Zittern und dein Glück. Glauben ist ein Weg.

Abraham ging einen Weg. Es war vielleicht sein schwerster Weg, als er ging mit dem Maultier, das Bündel Holz trug und mit dem Sohn, der fragte: Warum? Wozu? Aber die drei gingen miteinander. Es gab einen Weg, auch wenn er schwer war und sie ihn gingen mit Furcht und Zittern. Als der Augenblick der Entscheidung kam, da kam das ganze Glück. Da bekam Abraham seinen Sohn Isaak geschenkt. Den Glauben. Und mit dem Glauben seine Glaubwürdigkeit.

Reformation, liebe Gemeinde, ist kein Feiertag sondern ein Weg. Das können wir uns heute klarmachen. Reformation ist ein Weg, den wir mit

Furcht und Zittern gehen. Es ist ein Weg, auf dem Gott gegenwärtig sein will mit seinem Wort, allein mit seinem Wort. Mit Furcht und Zittern können wir es nur singen. Aber wir können es herausbringen für unsere Zeit, und es ist nicht einfach ein soziales Programm, das wir zu formulieren hätten. Es sind wir selbst als Menschen, die mutig und glaubwürdig für unseren Glauben einstehen. Es sind nicht die anderen. Reformation ist keine Forderung an die Gesellschaft oder die Kirche, sondern sie ist der Weg, den wir zu gehen haben. Und glauben Sie mir, auch wenn wir den Weg als Minderheit in unserer Zeit gehen, da steckt Kraft drin, da ist Zukunft, denn »Gott ist es, der in euch das Wollen wie das Vollbringen bewirkt nach seinem Willen«.

Kontext

»Wer Gott liebt, ohne zu glauben, richtet die Reflezion auf sich selbst, und wer Gott liebt, indem er glaubt, richtet die Reflexion auf Gott.
Auf diesem Gipfel steht Abraham. Der letzte Durchgangspunkt, den er aus dem Auge verliert, ist die unendliche Resignation. Er geht wirklich weiter und kommt zum Glauben, denn alle diese Zerrbilder vom Glauben, diese jämmerliche laue Verschlafenheit, die da denkt: es hat wohl keine Not, es hat keinen Wert, im voraus traurig zu sein, diese erbärmliche Hoffnung, die da sagt: man kann nicht wissen, was kommt, es wäre doch möglich, – diese Zerrbilder haben ihr Zuhause bei des Lebens Armseligkeit ...
Abraham kann nicht verstehen, ich kann im gewissen Sinne nichts von ihm lernen außer zu staunen.«
(Sören Kierkegaard, Furcht und Zittern, [Kopenhagen 1843], deutsch von Emanuel Hirsch, Düsseldorf 4. Aufl. 1962 [S. Kierkegaard, Gesammelte Werke, hrsg. von E. Hirsch u. H. Gerdes, 4. Abt.] S. 35, auch in GTB 604, S.35, Gütersloher Verlagshaus, Gütersloh)

22. Sonntag nach Trinitatis

Annäherungen an den Predigttext 1. Johannes 2,7-11 (12-17)

Hermann Otto Geißler

TeilnehmerInnen des Gesprächs: K. - Fotolaborantin, M. - Krankengymnastin, W. - Sozialarbeiterin, J. - Publizistikstudent, H. - Jurist, Pfarrer als Protokollführer.

Was Bestand hat, gibt Sicherheit. So ist der Gegensatz alt/neu offenbar zu verstehen. Nicht die zeitliche Abfolge ist im Blick, vielmehr die Kontinuität. Neu meint wohl, daß das Beständige jetzt konkret, erlebbar ist und weist auf die Lebenssituationen hin, in der ein jeder steht. Die Mahnung, bei allem die konkrete Wirklichkeit nicht aus dem Blick zu verlieren, durchzieht das weitere Gespräch und wird von J. immer wieder zur Geltung gebracht.

So erscheint auch das Stichwort Verblendung als Verfehlen der Wirklichkeit. Was für uns hell ist, kann so schnell in sich zusammenfallen. Man verrennt sich und meint, nur in dieser Richtung sinnvoll leben zu können und wird enttäuscht. Irgendwann gehen einem die Augen auf. Unsere jüngere Geschichte ist voller Beispiele. Aber man erlebt es auch persönlich. So ist es z. B. mit dem Erfolg, der in unserer Zeit so wichtig ist. Erfolg blendet. Einer glaubt, im Licht zu stehen und bohrt vielleicht doch ganz und gar im falschen Loch, ist also im Finstern. Oft gehört dazu, daß man dabei über Menschen hinweggeht, weil man nur das Ziel, die Sache und ihren Erfolg, sieht.

Den Bruder/die Schwester hassen, das kann auch heißen, sie gar nicht wahrnehmen, sie als Nebensache behandeln. M. widerspricht: Hat lieben und hassen nicht doch etwas mit Gefühlen zu tun? Liebe steht in Beziehung zu Freundlichkeit, Zärtlichkeit. Dazu gehört das Gefühl der Zuneigung. Wenn ich jemandem grolle, dann will ich keine Zärtlichkeit und kann auch keine geben. Groll muß ja nicht gleich schon Haß sein. Aber es hat doch etwas miteinander zu tun.

K. und J.: Aber hat nicht auch Jesus Groll gehabt und gezeigt, z. B. gegen die Zebedäussöhne oder bei der Tempelreinigung? Das war schon richtiger Zorn. Offenbar ist der nicht verboten. Es kommt darauf an, wie weit man sich treiben läßt, also wie man mit dem Groll und dem Zorn umgeht, etwa

ob man versucht, ihn im Gespräch wieder zu beseitigen, oder ob man ihn wenigstens verrauchen läßt. Lieben bedeutet jedenfalls nicht nur, nett zueinander zu sein. Da müssen auch manchmal unangenehme Wahrheiten zur Sprache gebracht werden.
M.: Denoch gibt es eine Grundeinstellung dabei. Die Menschen, die gepflegt werden müssen, das kann ich oft beobachten, merken sehr bald, wie jemand zu ihnen steht. Der eine kann mal poltern und wird doch verstanden als einer, der liebevoll zu dem Hilfebedürftigen steht. Anderen merkt man es an, daß da nur Pflegehandlungen als Routine ausgeübt werden. Es kommt auf die Zuwendung an, die von innen kommt. Sonst ist alles kalt.
W.: Mir ist zu wenig davon die Rede, daß die Befähigung zu solchem Leben von Christus herkommt. Man muß in diesem Kapitel bis zum Anfang zurückgehen, wo von unseren Sünden und von der Versöhnung für sie die Rede ist. Dort muß man anfangen, beim Glauben, nicht beim Tun.
M.: Ach, das Glauben! Bei mir gibt es da so viele Zweifel.
H.: Bitte, kein Outing!
J.: Bei den Zweifeln ist aber ein großer Unterschied, ob sie sich auf Glaubensgegenstände beziehen wie Auferstehung, Jungfrauengeburt usw. oder etwa auf Gott und warum er nicht eingreift in dieser oft so scheußlichen Welt. Da ist der Mensch ganz anders betroffen durch die Zweifel.
M.: Ich kann jedenfalls mit Jesus als Vorbild viel mehr anfangen.
Nach einem Exkurs über die Frage der Nächstenliebe in anderen Religionen (»Buddhismus – die friedliche Religion«) wird der Faden wieder aufgenommen: Jesus als Vorbild. J. provoziert mit der Feststellung »Ich will gar nicht wie Jesus werden«. Lautstarker Protest. Er begründet seine Aussage mit der Notwendigkeit, realistisch zu bleiben. Seine Studienkollegen haben alle hochfliegende Pläne und Ideale. Das kann daran hindern, die Wirklichkeit wahrzunehmen. »Ich wäre auch gern ein guter Mensch; aber ich kann nicht behaupten: Ich bin es jetzt schon, oder auch nur: Ich bin auf dem Wege dazu.«
Die Frage des Wachsens und Reifens wird ventiliert, auch veranlaßt durch den Fortgang des Textes (v. 12–17: Kinder, Jünglinge, Väter). Der Hoffnung auf ein Wachstum steht die Erfahrung gegenüber, daß es jedenfalls kein kontinuierliches Fortschreiten gibt. M. stellt fest, daß sie mit der Zeit toleranter geworden ist, wie sie meint, gleichgültiger den Verhaltensweisen anderer gegenüber. So verspürt sie auch nicht mehr das Bedürfnis, die anderen unbedingt zu verändern. Das sei zwar für die anderen angenehm, könne aber auch ein Zeichen für Überheblichkeit, jedenfalls für Gleichgültigkeit sein.
Das eigentliche Problem meint J., sei, einen Bruch in der eigenen Lebensgeschichte zuzugeben, auch vor sich selbst. Aber das sei hin und wieder notwendig, weil das Leben nicht in gerade aufsteigenden Linien verläuft, sondern in Kurven und Schleifen und manchmal eben auch in Brüchen.

Die müssen registriert und zugegeben werden. Deshalb ist die Aufrichtigkeit mit sich selbst, von der 1. Joh 1,8; 2.6 u.ö. gesprochen wird, so wichtig. K. sieht unser Problem vor allem in der Wichtigkeit, die wir unserem Ich zumessen: *Ich* will etwas tun. Wir alle möchten Weltverbesserer sein. Aber Jesus hat auch nicht alle Krankheiten geheilt. Manches muß und darf man auch stehen lassen. Wir brauchen uns nicht kaputt zu arbeiten. Ist nicht auch der Erfolg mancher Sekten dadurch bedingt, daß sie von den Menschen Leistungen verlangen? Es ist sehr schwer, sich etwas schenken zu lassen.
H. weist auf den Begriff »Welt« hin (VV. 15 ff.). Hat der nicht eine Beziehung zu diesem »Alles-selber-machen«? Das Gespräch kreist dann um die »weltlichen Dinge«. Es wird an die Vergänglichkeit von Besitz erinnert, wie er von vielen bei Kriegsende erfahren wurde, und an die Bedeutung der zwischenmenschlichen Beziehungen gerade in solchen Situationen, obwohl auch die nicht einfach zu den geistlichen Dingen gerechnet werden können. Übereinstimmung: Die geistlichen Dinge haben zu tun mit dem, »was dich trägt«. J. zitiert einen Spruch, den er in der S-Bahn las: »Die Menschen, denen wir eine Stütze sind, tragen uns.« Das Sich-getragen-fühlen prägt das Selbstbewußtsein und hilft, auch mit sich selbst einig zu werden. »Ihr seid Licht«, spricht Johannes den Kindern, Jünglingen und Vätern zu. Darin liegt die gleiche Tendenz wie in dem beherzigenswerten Satz: »Liebe dich selbst, damit du andere lieben kannst!«

Zum Gottesdienst

Helmut Gröpler

Vorbemerkung: der 22.–24. Sonntag nach Trinitatis entfallen, wenn Ostern später als am 9. April gefeiert wird. Deshalb gibt es diese Sonntage selten. In der neuen Perikopen-Ordnung ist über unseren Text noch nie gepredigt worden. Aus diesem Grunde liegen wenige Predigthilfen vor. In der älteren Ordnung der Predigttexte der Liturgischen Konferenz begegnen wir unserem Text in der Abgrenzung 1. Johannes 2,12–17 in der IV. Reihe für den 21. Sonntag nach Trinitatis. Die Göttinger Predigt-Meditationen haben ihn z.B. 1964 und 1970 bearbeitet. Wir betreten mit 1. Johannes 2,7–11 (12–17) also »Neuland«.

Exegetisch-homiletische Skizze

Das Glaubensbekenntnis eines Christen sollte mit der Wirklichkeit seines Lebens übereinstimmen. Wer im Licht zu Hause ist, verbreitet auch in seinem Leben Licht, auch im Umgang mit seinen Mitmenschen. Die gute Nachricht der Bibel sagt uns: »Die Finsternis vergeht, und das wahre Licht scheint jetzt«. Gott überläßt unsere Welt und uns selbst nicht sich selbst. Er hat die Dunkelheit durchbrochen. Er hat ein Ziel: Das Zusammenleben in Partnerschaft mit ihm und den Menschen in Frieden und Liebe und Licht. Schon ist es möglich, seine Liebe und Nähe zu erfahren. In Jesus Christus bleibt er uns zugewandt, kommt er hinein in unsere Nacht, in alles, was uns beschwert und Angst macht. Das alles muß nicht so bleiben. Finsternis soll überwunden werden. Es kommt darauf an, die »konkrete Wirklichkeit nicht aus dem Blick zu verlieren« (Gesprächsrunde »Annäherungen«). »Verblendung ist Verfehlen der Wirklichkeit. Den Bruder/die Schwester hassen, das kann auch heißen, sie gar nicht wahrnehmen, sie als Nebensache behandeln« (Gesprächsrunde). Nur, wer den Bruder/die Schwester liebt, hat seine Heimat im Licht. Wörtlich: »Bleibt im Licht«. Das Wort »bleiben« hat einen Doppelsinn: 1. »sein«, »sich aufhalten«, und 2. »dauernd verweilen, sich halten an«. »Kinder« ist im 1. Johannesbrief terminus technicus für alle getauften Christen. Gemeint sind also nicht Altersgruppen im Sinne der Haustafeln. Die Gemeinde braucht Sündenvergebung und hat teil an ihr kraft des Versöhnungswerkes Christi. »Name« bringt »die konkrete Beziehung zwischen Gott und Mensch zum Ausdruck ... ›in dem Namen‹ erhalten werden, heißt, in dem Liebesbereich des Vaters und des Sohnes stehen. Das bedeutet, in dem Bereich seiner Kraft zu stehen, die die Jünger ... gegen alles Verderben schützt und sie in ihrem Verhältnis zueinander eint« (ThWNT V, S. 271). In diesem »Bereich« geschieht Sündenvergebung, aber auch ein neues Verhältnis zur »Welt«. »Liebt nicht die Welt, auch nicht, was in der Welt ist« (V. 15). Ist das Weltentwertung, Weltverneinung? Nein, die Welt ist Gottes Welt, Er hat sie gewollt und geschaffen. Christus ist das Licht der Welt. Er hat sie geliebt und seinen Sohn in sie hineingesandt. Sie ist »der Schauplatz, auf dem das Drama der Erlösung sich abspielt (ThWNT III, S. 895). Christus ist das Lamm Gottes, das die Sünde der Welt trägt (Johannes 1,20), »und er ist die Versöhnung für unsre Sünden, nicht allein aber für die unseren, sondern auch für die der ganzen Welt« (1. Johannes 2,2). Gott hat in Christus sein Ja für die Welt gesprochen. Er wurde zum »Heiland der Welt« (1. Johannes 4,4, Johannes 4,42), der gesandt wurde, nicht um sie zu richten, sondern um sie zu retten (Johannes 3,17). Finstere, humorlose Weltverneinung würde die Güte Gottes leugnen. Sie ist da in der Welt. »Alles, was Gott geschaffen hat, ist gut, und nichts ist zu verwerfen, was mit Danksagung empfangen wird« (1. Timotheus 4,4). Sehr schön sagt Gottfried Voigt: »Das Blau des Himmels oder seine Wolken, nachts die Sterne. Das Rauschen des Waldes oder der Flüsse. Das Blühen, Wachsen und Reifen, Vogelstimmen und das Blöken der Schafe. Die Freude, die Mann und Frau aneinander haben. Das Lachen der Kinder und ihre lustige Weise, sich nach und nach die Welt zu erschließen. Motoren, in denen die Kraft steckt, die uns dient. Leckere Dinge auf dem Tisch. Musik im Leipziger Gewandhaus (oder wo auch immer). Glücklichsein mit Menschen, die man liebhat. Wir könnten so fortfahren. Wer dankbar ist, läßt es in sein

Herz eindringen und lobt den, von dem alles kommt. Schlimm, wenn ›christliche‹ Finsterlinge uns dies alles vermiesen wollen. ›Weltlich‹ sagen sie abschätzig und verurteilen damit zugleich mit dem Bösen, von dem wir uns lossagen, das Gute, das Gott uns bereitet hat und immer neu bereitet« (Die lebendigen Steine, Berlin 1983, S. 415). Es gilt also für den Glauben, »Welt« auf einen neuen Begriff zu bringen. Was Welt ist, entscheidet sich dann in der Einstellung des Menschen auf sie.
Und doch bedarf es des kritischen Abstands von der Welt, weil es in der nicht nur Licht, sondern auch Dunkelheit gibt. »Und ob ich schon wanderte im finstern Tal ...« In die Finsternis des Tals gehört die Gefahr und die Angst vor der Gefahr, die Krankheit, die Schmerzen und die Angst vor dem Sterben. Im finstern Tal geschieht auch das Böse, da sehen Menschen nicht weit genug und hören auf, verantwortlich abzuwägen, da tun Menschen Menschen Böses an, da gewinnt des »Fleisches Lust« und »der Augen Lust« (V. 16) die Oberhand. Eine Bleibe für immer finden nur die Menschen, »die den Willen Gottes tun« (V. 17). Kritische Distanz zur Welt ist nötig.
Darum geht es auch in unserem Text. Wenn wir genügend über ihn nachgedacht haben, müssen wir über unsere konkrete Gemeinde nachdenken, um den Text sachgerecht predigen zu können und sie anzuleiten, ihr weiterzuhelfen.

Vorschläge zur Liturgie

Statt des Eingangspsalms würde sich der *Eingangsspruch* eignen: »Der HERR ist mein Licht und mein Heil; vor wem sollte ich mich fürchten? Der HERR ist meines Lebens Kraft; vor wem sollte mir grauen?« (Psalm 27,1)

Kollektengebet
Herr Gott, himmlischer Vater,
deine Liebe ist größer als unser Verstehen,
und ihre Macht überwindet die Gewalt des Bösen.
Wir bitten dich:
Verwandle und erneuere uns,
daß wir einander lieben, wie du uns liebst,
einander vergeben, wie du uns vergibst,
und daß die Kraft der Versöhnung die Welt verändere.
Durch Jesus Christus, unseren Herrn.
(Erneuerte Agende, Vorentwurf, Hannover 1990)

Zum Wochenschluß-Gottesdienst
Unser Gott, auf dem letzten Weg dieser Woche suchen wir deinen Frieden. Nimm von uns die Hast unserer Arbeit, die Unrast unserer Gedanken, die

Angst unseres Herzens, denn wir wollen frei sein für deine Liebe, offen für dein Licht, bereit für dich, der so nahe ist.

Bleibe bei uns, Herr, denn es will Abend werden, und der Tag hat sich geneigt. Bleibe bei uns und bei allen Menschen. Bleibe bei uns am Abend des Tages, am Abend des Lebens, am Abend der Welt. Bleibe bei uns mit deiner Gnade und Güte, mit deinem Wort und Sakrament, mit deinem Trost und Segen.
Bleibe bei uns, wenn über uns kommt die Nacht der Trübsal und Angst, die Nacht des Zweifels und der Anfechtung, die Nacht des bitteren Todes. Bleibe bei uns und bei allen deinen Kindern. Amen.
(Jörg Zink, Wie wir beten können, Kreuz Verlag, Stuttgart 1991, S. 84 und S. 81)

Fürbittengebet
Herr Jesus Christus,
wir verlassen uns darauf, daß deine Liebe siegt, und am Ende alle Leiden überwinden wird.
Das macht uns frei, dich um Hilfe anzurufen und die Hoffnung nicht aufzugeben.
Breite deinen Frieden aus in unsern Wohn- und Lebensgemeinschaften, in den Gruppen unserer Gesellschaft, in Arbeit und Beruf, Staat und Behörde. Wir bitten dich um die Gerechtigkeit, die du allen Menschen zugedacht hast, damit in den Gesetzen und Ordnungen unseres Volkes und andrer Länder dem Bösen Einhalt geboten werde und die Willkür der Mächtigen ihre Grenze findet.
Wir beten um die Kraft, die aus deiner Liebe kommt, für alle Menschen in Not, für die Kranken, Alten und Sterbenden, für Heimatlose und die Hungernden, für die Gefangenen und ihre Angehörigen, für die Verstörten und Verängstigten, für die Gefolterten und alle, die gehindert werden, ihrem Gewissen zu folgen. Wir bitten dich auch für die Gesunden und Starken, für die heranwachsende Jugend und die Kinder. Hilf uns, daß wir alle miteinander deinem Tag entgegengehen, an dem du alles in allem sein wirst. Dir sei Ehre in Ewigkeit. Amen.
(Erneuerte Agende, Vorentwurf, 1990, S. 519 f.)

Lieder
Gott wohnt in einem Lichte, EG 379; Herr, du hast mich angerührt, EG 383; Es mag sein, daß alles fällt, EG 378; Komm in unsere stolze Welt, EG 428; Herr Jesu, Gnadensonne, EG 404 (Wochenlied)

Vorschlag zur Predigt

Möglicher Anfang
Womit fangen wir an? Zum Beispiel unseren Tag? Oft haben wir Mühe mit den ersten Minuten des Tages, mit den ersten Augenblicken nach dem Auf-

wachen. Ein schöner Traum bricht plötzlich ab oder aus einem dumpfen Traum tauchen wir verstört empor. Ein Wecker schrillt oder die Geräusche auf der Straße machen uns deutlich: Die Nachtruhe ist wieder vorbei. Da beginnt unser Tag oft mit einem Stoßseufzer: Wieder raus in die Kälte, hinein in den Alltag. Eine unangenehme Pflicht fällt uns ein, die heute zu erledigen ist. Die Schmerzen von gestern regen sich oder das Gefühl der Einsamkeit überfällt uns neu. Es ist aber nicht gut, wenn wir alles so mit Seufzen und Sorgen anfangen müssen: Den Tag und die Woche, unser Reden, Denken und Tun. Die erste Stelle an unserem Tag und in unserem ganzen Leben soll die Erinnerung daran haben, daß es für uns Grund zum Denken und zum Hoffen gibt. Die Juden sprechen als erstes Wort nach dem Erwachen folgendes Gebet: »Ich bekenne vor dir, du lebendiger und beständiger König, daß du mir meine Seele wiedergegeben hast in Erbarmen. Groß ist deine Treue.« Solch ein Morgengebet, solch ein Lobgesang, solch ein strahlender Gedanke am Anfang ist wie ein großer Durchblick, den wir uns aufs neue verschaffen, wie ein Überblick, ein Blick in die Weite. In der Mitte unseres Predigttextes steht ein strahlender Satz: »Die Finsternis vergeht, und das wahre Licht scheint jetzt.« Das ist wie ein helles Morgenlied, wie ein Bekenntnis zum Tagesbeginn. Und ich denke, unser ganzes Leben sieht anders aus, wenn wir lernen, unsere erste Morgenstunde, all unsere Tage so zu beginnen. Das gibt unserem Leben das richtige Vorzeichen und gestaltet es in die richtige Richtung.
Das wahre Licht scheint jetzt. Trotz aller Dunkelheit, die unser Leben schwer macht und belastet, ist Jesus Christus da als Licht der Welt. Er ist da als die größte Wirklichkeit unseres Lebens.

Zum weiteren Verlauf
Wir werden uns mit den Sorgen und Fragen unseres Alltags auch in Zukunft herumschlagen müssen. Aber sie müssen nicht am Anfang stehen. Sie sollen nicht die erste Stelle haben. Die erste Stelle an unserem Tag und in unserem ganzen Leben soll die Erinnerung daran haben, daß es für uns Grund zum Danken und zum Hoffen gibt. »Denn die Finsternis vergeht, und das wahre Licht scheint jetzt.« Es geht bei diesem Licht nicht um den neuen Morgen, der schließlich auf jede Nacht folgt, sondern es geht um die Wirklichkeit des Herrn, die »mitten in der Nacht« leuchtet. Es geht nicht um das Ende der Nacht, sondern um ihre Überwindung. Es geht nicht um Sonnenaufgang, sondern um Licht in der Finsternis. Gott wird Mensch, er kommt unten an »mitten im kalten Winter«, mitten in der Nacht.
Gott erhellt all unsere Nächte, die ruhigen und die schlaflosen, die guten und die angstvollen, die vorübergehenden und die letzte Nacht unseres Lebens – alles kann zur »Christnacht« werden. Die Finsternis vergeht, und das wahre Licht scheint jetzt. Das ist die gute Nachricht der Bibel. Deshalb erbitten wir die Nähe und den Beistand des Herrn, wenn – wie es in jenem alten Gebet heißt – »wenn über uns kommt die Nacht der Trübsal und der

Angst, die Nacht der Anfechtung und des Zweifels, die Nacht des bitteren Todes«. Wo Christus ist, wird die Nacht überwunden.
Niemand bleiben die Dunkelheiten des Lebens erspart. Aber die Frage ist, wie erscheinen sie uns: als schwarze Wand oder als Tunnel. Für den, der nichts von Christus weiß, dem erscheinen die Dunkelheiten seines Lebens wie eine schwarze Wand, die sich drohend vor ihm aufrichtet. Wer aber Christus als Wirklichkeit seines Lebens erfahren hat, dem erscheinen die Dunkelheiten seines Lebens wie ein Tunnel, in den man zwar hinein muß, der auch finster und lang sein mag, aber der einen Ausgang hat, einen kleinen Lichtpunkt, auf den man zugeht. Wir wandern manche Strecke im Dunkel, aber wir sind sicher, es wird wieder hell. Der ganze christliche Glaube ist eigentlich solch eine Tunnel-Erfahrung, ein Vertrauen auf das Licht, auf einen guten Ausgang. Denn der ganze christliche Glaube gründet in der Auferstehung Jesu Christi von den Toten. In ihr gründet unser Vertrauen, unser Glaube.
Das war die Erfahrung der ersten Jünger und der Christen in allen Jahrhunderten. Sie haben gemeint, sie stünden vor der schwarzen Wand, aber es war ein Tunnel. Sie haben gemeint, sie stünden vor dem Abgrund, aber es war nur ein finsteres Tal. Sie haben gemeint, es geht nicht mehr weiter, aber dann sahen sie das Licht. Sie haben gemeint, sie hätten Gott aus dem Auge verloren, aber dann lernten sie ihn auf ganz neue Weise kennen.
- Wer im Licht leben möchte, kommt ohne Vergebung nicht aus. Das Werk Christi der Sündenvergebung ist die wichtigste Tat der Weltgeschichte. Sie kann für unser Leben wichtig und wirksam werden, wenn wir sie für uns in Anspruch nehmen. Von ihr fließen heilende Kräfte in unser Leben. Das alte Gesetz von Gekränktwerden und Kränken ist zu Ende. Ein neuer Anfang ist da.
- Wer im Licht leben möchte, sieht die Welt als von Gott gewollt und geschaffen.

Möglicher Schluß
Liebe Gemeinde, was ist für uns das Erste? Was steht bei uns am Anfang? In unserem Tag, in unserem Denken und Tun? Das Seufzen oder der Dank, die Finsternis oder das Licht? Ich glaube, daß hängt davon ab, was für uns das Letzte ist, das, worauf ales schließlich hinausläuft, das Endgültige.
Uns ist gesagt, daß Gott das Licht ist, die Liebe und das Leben. wenn wir unser Leben auf ihn ausrichten, wenn wir darauf vertrauen, daß ER der Erste und der Letzte ist, dann läuft für uns alles nicht auf die Finsternis, das Böse, das Nichts, den Tod hinaus, sondern auf das Licht, in dem uns alles klar wird, auf die Liebe, auf die Ewigkeit. »Denn die Finsternis vergeht, und das wahre Licht scheint - jetzt.« Amen

Drittletzter Sonntag des Kirchenjahres

Annäherungen an den Predigttext 1. Thessalonicher 5,1-6 (7-11)

Gerlinde Wnuck-Schad

Zu Beginn einer Presbytersitzung sollte das Gespräch über 1. Thess 5,1-11 stehen. Es war mein Wunsch, daß die Anwesenden ihre Gedanken wie Bälle sich einander zuspielen sollten, ohne auf irgendeine Regie zu warten. Von allen wurde dieses erstmalige Experiment als anregende Idee der Predigtvorbereitung erlebt. Die Niederschrift spiegelt den Gesprächsverlauf.

- Jemand wagt den Anfang: »Der Inhalt des Textes ist klar, doch es besteht die Notwendigkeit, es in die heutige Sprache zu übersetzen. Seltsam ist z. B. die Formulierung ›Dieb in der Nacht‹. Warum sagt er es so?« - »Das meint wohl, man kann sich nicht darauf vorbereiten. Fremd ist es nur in Bezug auf die Ausdrucksweise. Es ist eine gleichnishafte Umschreibung.«
- »Vers 3 sagt deutlich: Die Leute wiegen sich in Sicherheit und Selbstgefälligkeit.«
- Ein anderer wird grundsätzlich: »Mir ist vollkommen klar, was der Schreiber sagen will. Es geht um die Frage: Wann kommt das Ende? Die Leute gingen aus von der Naherwartung. Ob wir noch davon ausgehen? Mancher vielleicht auch. Was sind 2000 Jahre!« - »Sicher bräuchte man Informationen, ob Paulus hier auf Anfrage schreibt. Will die Gemeinde wissen, wie lange es dauert?« - »Aber es geht doch viel zu belanglos los. Paulus schreibt anfangs und am Ende ganz allgemein. Da ist keine Frage. Es heißt: ›ihr wißt ganz genau‹. Ich meine, es ist eine Bestätigung dessen, wovon er überzeugt ist, und was die Gemeinde weiß.« - »Es ist keine Ermahnung im Brief zu sehen. Alles nur Feststellungen: Vers 4 und 5.« - »Es geht vielleicht um die Frage, welche Konsequenzen es hat, ›Kinder des Lichtes‹ zu sein. D. h. es geht um die Frage, wie zu leben und ständig darauf vorbereitet zu sein ...« - »Wach zu sein ...«
- Zwischeneinwurf: »Nochmals die Frage nach dem ›Wann?‹. Wie ist es für jemanden, der sich erst am Ende seines Lebens zu Gott bekehrt ...? Diese Problematik ist nicht aufgeworfen.« - Einwand: »Paulus geht von der gläubigen Gemeinde aus. Sie ist intakt.«

- »Vers 10 ist für mich ein Problem. Es heißt hier: ›Ob wir wachen oder schlafen‹. Vorher geht Paulus in Vers 6 und 7 von einem Gegensatz aus.« - »Eventuell sind zwei verschiedene Gruppen gemeint: Die, die schlafen und die, die wachen, stehen dann sinnbildlich für Glauben und Unglauben.« - »Oder vielleicht geht es um ›tot sein‹ oder ›noch leben‹.« - »Nein, so tief geht das nicht. Vers 10 meint konkret die Gemeinde, die sich auch mal hinlegt und schläft.« - »Überhaupt ist das eine intakte Gemeinde, die Paulus ermuntert, nicht müde zu werden.«

- Die letzte Runde geht der Frage nach, ob der Text den eigenen Lebenserfahrungen entspricht: »In Vers 3 spiegelt sich auch heutige Gleichgültigkeit und Oberflächlichkeit. Dem ist zu widersprechen. Jeder, der auf dieser Welt lebt, sollte sich klar sein, daß es den Frieden, den wir wünschen, hier nicht gibt.« - »Vor 100/200 Jahren - im Zuge der Aufklärung - hat man gedacht, es muß erheblich besser werden als heutzutage. Aber heute wissen wir es besser ... Am deutlichsten zu sehen an der kommunistischen Weltanschauung und ihrem Fortschrittsglauben: Der Mensch schafft das Paradies. Dem widerspricht der Text ganz stark.« - »Das ist eigentlich eine realistische Sicht. Die Bibel wird nur oft als pessimistisch abgetan, weil von der Verderbtheit des Menschen die Rede ist. Andererseits ist in bestimmten Zeiten die Vorstellung des Endes akut geworden.« - »Gleich nach 1945 gab es einmal 3 Wochen Frieden auf der Welt. Seitdem eine steigende Tendenz des Unfriedens.« - »Vers 5 bringt das bekannte Bild vom Panzer und Helm. Der Christ wird in damaligem Sinn als Soldat mit Ausrüstung des Krieges verstanden. Das ist auch bekannt von der lutherischen Vorstellung: ›Und wenn die Welt voll Teufel wär‹.« - »Will er sagen: wir stehen fest im Glauben und sind nicht zu erschüttern? Mit dieser Selbstgewißheit: ›wir sind die Gläubigen‹ hätte ich meine Probleme. Ich kann mich nicht so sehen. Oder die klare Entgegensetzung: hier die ›Kinder des Lichtes‹ und andere dort als ›Kinder der Finsternis‹.« - »Sieht man das Alter des Textes: Früher war man weniger kompromißbereit.« - »Es könnte auch gefährlich werden, wenn jemand sich darauf beruft: wir sind die Kinder des Lichtes.« - »Damals war alles im Aufbau begriffen; die Fronten waren klar. Der Text trifft die junge Gemeinde im Gegensatz zum Heidentum. Das ist schwierig angesichts der vielen allein schon christlichen Glaubensrichtungen heute.«

An dem Gespräch waren nur Männer im Alter von 50 bis 67 Jahren beteiligt.

Zum Gottesdienst

Ralf Handelsmann

Exegetisch-homiletische Skizze

Soziologische Erhebungen der letzten Jahre bestätigen, daß auch heute Antworten auf die Fragen des Lebens nach dem »Woher«, dem »Wohin« und dem »Wie« von den Kirchen erwartet werden. Hier setzt der Text an. Das haben auch die Gesprächsteilnehmer und Teilnehmerinnen für die »Annäherungen« gut zum Ausdruck gebracht.

Exegetisch läßt sich sagen, daß Paulus mit dem Abschnitt 1. Thessalonicher 4,13–5,11 das erste Mal etwas zum Schwinden der Parousienaherwartung schreibt. In der Gemeinde sind Menschen gestorben, ohne daß der »Tag des Herrn« gekommen ist. Philipp Vielhauer u. a. (Geschichte der urchristlichen Literatur; Berlin; 1975; S. 87) geht so weit zu schreiben: »Paulus entwickelt - so seltsam es erscheinen mag - (hier) erstmalig den Gedanken der Auferstehung der Christen, den er offenbar in seiner Missionspredigt nicht berührt hatte.« Es geht jetzt darum, trotz Parousieverzögerung in der Welt zu leben und dabei die Hoffnung nicht zu verlieren. Paulus sagt der Gemeinde zu, daß selbst mit dem Tod niemand aus Gottes Hand herausfallen kann. Der kommende »Tag des Herrn« schließt die Entschlafenen ausdrücklich mit ein. Sie sind noch nicht auferstanden, aber Vers 10 gilt: Ob wir wachen (leben) oder schlafen (gestorben sind), wir leben zugleich mit ihm (Jesus Christus).

Trotzdem bleibt die Frage, wie wird das Leben der Christen jetzt gestaltet? Es gab offenbar gegenläufige Tendenzen in der (den) Gemeinde(n). Einmal, sich von der Welt, wie sie ist, innerlich loszumachen und nur fröhlich und faul auf die Wiederkunft Christi zu warten oder aber sich der Welt anzunehmen. Hier ermahnt Paulus im Predigttext deutlich zu letzterem. Die Aussprüche: »Der Tag des Herrn kommt wie ein Dieb in der Nacht« (siehe auch Matthäus 24 und Lukas 12), genau wie die Trias »Glaube, Liebe, Hoffnung«, scheinen der Gemeinde bekannt gewesen zu sein. Paulus verwendet sie geschickt, um seine Mahnung zur Wachsamkeit (z. B. Vers 6.) im Leben mit Inhalt zu füllen. Im Vers 11 faßt er dies noch einmal zusammen: Die Gemeinde soll sich an Christus orientieren und in seiner Nachfolge leben (ermahnt euch!). Dies kann sie gut und fröhlich, weil selbst im Tod Christus bei uns bleibt und eine Zukunft für uns bereit hät (erbaut euch!). Theologisch gesagt: Zuerst ist die Gnade Gottes da, eines Gottes, der für uns gestorben und auferstanden ist, damit wir als »Kinder des Lichtes« leben können. Weil wir in seiner Gnade leben können, werden wir ermahnt, dies geschenkte Leben auch gut zu nutzen, indem wir »wachsam und nüchtern« sind. Denn am Jüngsten Tag wird sich zeigen, daß es Gott nicht egal ist, was wir getan und gelassen haben. Gott ist uns nicht zornig gesonnen, aber es gibt ein »zu spät«.

Auch in unserer dörflichen Gemeinde im Raum zwischen Elbe und Weser gibt es keine heile Welt. Es gibt zwar Menschen, die sagen, auf dem Lande sei noch alles in Ordnung, aber das stimmt so nicht. Gerade in dieser Jahreszeit werden Einsamkeit und Alleinsein wieder zu drängenden Problemen gerade für ältere und kranke Menschen. Familien, die einen Todesfall zu beklagen hatten, werden jetzt deutlicher an den Tod erinnert, wo mehr Zeit im Haus verbracht werden muß. Die Probleme der bäuerlichen Familien, angefangen bei dem Streß der Landwirtsfamilien, über die zunehmend schlechtere wirtschaftliche Lage, bis hin zu Generationskonflikten werden wieder stärker und drängender empfunden. Und selbst die Themen der alljährlichen Friedensdekade sind nicht dazu geeignet, fröhlich in die Welt zu blicken. Die Besucher und Besucherinnen dieses Gottesdienstes (von den Konfirmandinnen und Konfirmanden vielleicht einmal abgesehen) vor den »großen« Feiertagen Volkstrauertag, Bußtag (auf jeden Fall mit Gottesdienst) und Ewigkeitssonntag, werden ein eigenes Erleben dieser düsteren Zeit im Jahr mitbringen. Hier lohnt es sich anzuknüpfen, denn für Trost, für ein Gegengewicht zu Trauer, Einsamkeit, Zukunftsangst u. a. werden die Herzen der Menschen empfänglich sein. Ich warne allerdings vor platten Formulierungen (etwa: »Heute ist ein trüber Tag ...« etc.), die in ihrer nichtssagenden Form ohnehin überall im Smalltalk verwendet werden und kaum noch tragen.
Für die Predigt gilt es Grundentscheidungen zu treffen. Wir leben nicht in der Naherwartung der Wiederkunft Christi. Haben wir uns zu sehr eingerichtet in dieser Welt? Die Begriffspaare Licht - Finsternis, Tag - Nacht, nüchtern - betrunken, wachen - schlafen ermuntern von sich aus zu einer klaren Trennung von richtig und falsch. Hier gilt es bei deren Verwendung aufzupassen, denn ich erlebe die Realität einer Gemeinde (und erst Recht eines einzelnen Christen) selten als so klar einteilbar. Die Ambivalenzen der Welt dürfen nicht übergangen werden.
Paulus macht seiner Gemeinde Mut, trotz dieser Welt mit dem Panzer des Glaubens und der Liebe und dem Helm der Hoffnung auf Christus das Leben anzugehen. Will ich als Prediger, als Predigerin das Thema Auferstehungshoffnung für uns Menschen thematisieren (eher seelsorgerlich orientiert) oder will ich die christliche Weltverantwortung in den Vordergrund stellen? Ich selbst möchte versuchen, beide Themenkomplexe zu verknüpfen, indem ich versuche, den Trost der Auferstehungshoffnung (Evangelium) nahe zu bringen um dann daraus die Weltverantwortung (Gesetz) als logischen Schluß abzuleiten.

Vorschläge zur Liturgie

Eingangsvotum
Siehe, jetzt ist die Gnade, siehe jetzt ist der Tag des Heils (2. Korinther 6,2 b) oder: Jesus spricht: Es werden nicht alle, die zu mir sagen, Herr, Herr, in das Himmelreich kommen, sondern die den Willen tun meines Vaters im Himmel (Matthäus 7,21)
oder: Mit Freuden sagt Dank dem Vater, der euch fähig gemacht hat zu dem Erbteil der Heiligen im Licht. (Kolosser 1,12)

Eingangsgebet
Neben den guten Gebeten Nr. 209–211 aus dem Entwurf der Erneuerten Agende (Bielefeld, 1990) auf Seite 317 empfehle ich Gebete aus: Gottesdienst menschlich; F. K. Barth u. a.; Wuppertal; 1990; hier die Nr. D 32; D 18 und A 3
Außerdem:
Guter Gott, oft bist du mir so fremd, verstehe ich dich so wenig. Doch gerade in diesen dunklen Momenten brauche ich dich und erlebe deine Kraft für mich. Nimm mich heute an mit meinen Zweifeln und mit meinem Glauben. Laß in mir etwas von deinem Licht scheinen, damit ich fähig bleibe an deinem Reich mitzubauen. Amen

Sündenbekenntnis
Aus dem neuen Gesangbuch EG Nr. 828, 826

Fürbittengebet
Jesus Christus, wir Menschen sind nur kleine Leuchten in dieser Welt. Manchmal scheinen wir einen Moment lang hell und können etwas Gutes erreichen und manchmal will unser Licht fast verlöschen: Darum: Sei DU auch weiter unser Licht der Welt, schenke uns von Deinem hellen Schein, damit wir Deine Nachfolge leben können.
Wir bitten dich gemeinsam: (alle) Herr, erbarme dich!
Schenke den Friedenstiftern dieser Welt etwas vom Panzer des Glaubens und der Liebe, damit Gewalt und Krieg und Terror kleiner werden können. Wir wissen, wer sich für Frieden, Gerechtigkeit und die Bewahrung der Schöpfung einsetzt, braucht deine Zurüstung.
Wir bitten dich gemeinsam: Herr, erbarme dich!
Menschen in unseren Dörfern (in unserem Stadtteil) sind einsam und fühlen sich verlassen, weil die Lieben weit weg sind, weil Streit trennt oder weil die eigene Kraft nicht reicht, um sich aufzumachen. Hier wird dein Helm der Hoffnung gebraucht. Schenke solche Hoffnung für das Leben und Hoffnung über den Tod hinaus. Und Herr, wo wir versagen, da stoße uns ruhig an mit diesem Helm, damit wir das tun, was dein Wille ist.
Wir bitten dich gemeinsam: Herr, erbarme dich!

Unser Herr, manchmal spüren wir, daß dein Reich schon begonnen hat, aber gerade in unserer Zeit gibt es viele, die sich in falscher Sicherheit wiegen. Rüttle du da auf, wo wir Menschen nur auf uns sehen und meinen, daß wir alles im Griff hätten.
Wir bitten dich gemeinsam: Herr, erbarme dich!

Du willst, daß wir wach durch diese Welt gehen und mitarbeiten an deinem Reich. Wir sagen dazu ja und bitten dich für alle: Laß dies in Fröhlichkeit und voller Hoffnung geschehen, damit wir einander anstecken mit deiner guten Botschaft für uns.
Wir bitten dich gemeinsam: Herr, erbarme dich!
(Amen oder anschl. Vater Unser)

Lieder
Neben den vorgeschlagenen Liedern EG 152 oder EG 518 möchte ich EG 372,1–2+4+6 / EG 344,1–4 / EG 153,1–5 / EG 412,1–2+4–5 / EG 420 / EG 620 / EG 625 / EG 611 / EG 595 und am Schluß EG 171 empfehlen. Außerdem von Manfred Siebald das Lied: Es geht ohne Gott in die Dunkelheit ... (aus: Jesu Name nie verklinget, Band 5, Hänssler-Verlag, Neuhausen-Stuttgart)

Es geht ohne Gott in die Dunkelheit

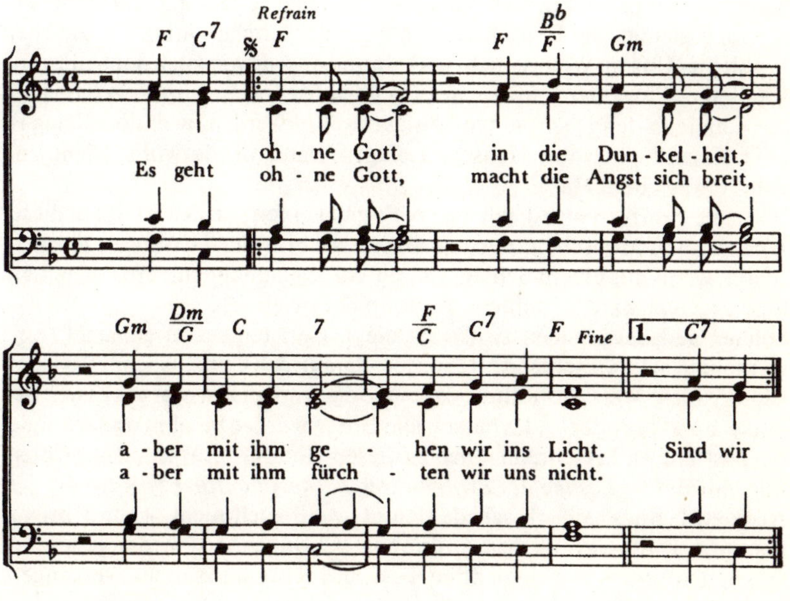

2. Lernen wir doch endlich aus den Fehlern der Vergangenheit!
Fing nicht ohne Gott die Flut von Leid und Kriegen an?
Floß nicht schon genügend Blut, ist es nicht wirklich an der Zeit,
Gott zu suchen, der allein uns Menschen ändern kann?

3. Gott, der uns nicht nötig hatte, will doch ohne uns nicht sein,
auch wenn wir oft lieber unsre eignen Wege gehn.
Er läßt uns nicht laufen, lädt uns immer wieder zu sich ein.
Kann uns eigentlich denn etwas Besseres geschehn?

4. Mehr noch als die Luft, die uns umgibt und die uns Leben läßt,
brauchen wir die Nähe Gottes jeden Augenblick.
Und wer nicht ersticken will, der macht am besten heute fest,
daß er mit Gott leben will - dann lernt er Stück um Stück.

(Text und Melodie: Manfred Siebald, aus: »Ich will dir danken«, Band 5, Rechte: Hänssler-Verlag, Neuhausen-Stuttgart)

Vorschlag zur Predigt

Möglicher Anfang
Ich habe ihnen heute etwas mitgebracht in diesen Gottesdienst. Sie kennen das alle, es ist ein Globus *(hochhalten, oder an gut sichtbarer Stelle aufbauen)*, ein Abbild unserer Welt. Wenn ich euch Konfirmanden und Konfirmandinnen fragen würde, wo auf dieser Welt *(zeigen)* alles in Ordnung ist, dann hättet ihr sicher Schwierigkeiten einen Platz oder ein Land zu benennen. Ich glaube, die Erwachsenen hier in der Kirche hätten die gleichen Probleme. Unsere Welt ist nicht in Ordnung und sie war auch noch nie ohne Probleme. Umgekehrt, wenn ich euch »Konfis« fragen würde, welche Länder gerade in den Nachrichten häufig erwähnt werden, weil dort Krieg ist oder Katastrophen die Menschen plagen, dann würde wohl jedem und jeder etwas einfallen.
Bis in die Familien hinein gilt das so. Es gibt keinen perfekten Ort auf dieser Welt, keinen Menschen, der nur Glück erlebt. *(Pause)* Wäre es da nicht schön, wenn mit einem Schlag, von einem Tag auf den anderen alles Leid hinweggefegt wäre? Könnte Gott das nicht machen?
Solche Gedanken haben sich auch die 1. Christen schon gemacht. Eine Gemeinde in Griechenland z. B. wartete darauf, daß Christus schnell wiederkäme in diese Welt. Sie hofften, das möge doch möglichst morgen geschehen und dann wäre endlich alles besser. Die Guten würden belohnt und die anderen bestraft. Paulus schreibt ihnen zu diesem Termin der Wiederkehr Christi folgendes: *(hier Lesung des Predigttextes 1. Thessalonicher 5, 1-11)*
Auf den 1. Blick ja doch schade. Paulus weiß auch nicht, wann Christus kommen wird, um alles in Ordnung zu bringen. Es wird irgendwann geschehen, aber wann bleibt offen. Fast 2000 Jahre sind seitdem vergangen.

Hier, bei uns, *(auf den Globus zeigen, dann auf die Gottesdienstbesucher)* gibt es trotzdem Grund sich zu freuen. Denn was hat dieser Erdball alles überstanden, was überstehen viele, manchmal sehr leidgeplagte Familien Tag für Tag. Paulus sagt dazu: Christus ist uns nicht zornig gesinnt, weil er *noch* nicht wieder da ist. Nein, beinahe im Gegenteil: Unser Gott ist für uns gestorben, damit wir uns auf ihn immer verlassen können. Wir können diese Welt sogar zum Besseren verändern. Dazu steht er uns zur Seite über den eigenen Tod hinaus ...

Zum weiteren Verlauf

Mit möglichst konkreten Beispielen wird gezeigt, daß trotz des »noch nicht« der Wiederkehr Christi, sein Reich schon angebrochen ist. Ich erlebe, daß Menschen, die im Glauben leben, mit Gottes Hilfe auch über schwere Schläge im Leben hinwegkommen. Mehr sogar, wer das erlebt hat, der gehört oft zu den engagiertesten Menschen. Erfüllung wird uns geschenkt, trotz der Dunkelheiten dieser Welt. Dafür sind in jeder Gemeinde Beispiele zu finden, die überzeugen. Selbstverständlich muß dabei die seelsorgerliche Verschwiegenheit gewahrt bleiben.

Auch im öffentlichen Leben gibt es Beispiele dafür, daß die scheinbar allmächtigen Machtmechanismen dieser Welt zu brechen sind. Hier könnten Personen der Geschichte benannt werden, hier kann auf Organisationen wie die örtliche Diakoniestation, Brot für die Welt, Greenpeace etc. verwiesen werden.

Wichtig ist es mir, bei diesen Beispielen nicht zu verharmlosen. Es gilt: Wir sind in unserem Leben vom Tod umfangen in seinen vielen Formen, aber es gilt eben auch: Wir sind selbst im Tod und darüber hinaus von unserem lebendigen Gott gehalten.

Wenn dieser Teil der Predigt abgeschlossen ist, kann es sich anbieten, den Inhalt über das gemeinsame Singen des Liedes zu vertiefen und sich dadurch gegenseitig zu bestärken. Ich schlage hier das abgedruckte Lied: »Es geht ohne Gott in die Dunkelheit ...« vor.

Nach dieser deutlichen Zäsur steht die Mahnung des Paulus zu wachsamem Handeln im Vordergrund. Ich beginne mit einem Zitat, welches Martin Luther zugeschrieben wird: »Betet, als ob alles Arbeiten nichts nützt und arbeitet, als ob alles Beten nichts nützt.« Nach einem ganz kurzen Rückbezug auf die Probleme dieser Welt (der Globus symbolisiert diese ambivalente Welt) deute ich an, wo Weltverantwortung wachsam und nüchtern wahrgenommen werden muß. Zur Zeit wären das die Krisenherde in Bosnien genauso, wie eine zunehmende soziale Verelendung breiter Teile unserer Bevölkerung, bis hin zu Problemen in der eigenen Gemeinde. Hier wird auch auf die diesjährige Friedensdekade mit ihren immer aktuellen Themen: Frieden, Gerechtigkeit und Bewahrung der Schöpfung hingewiesen. Dabei muß erkennbar werden, daß Einsatz für unsere Welt, unsere Nächsten möglich ist, weil Gott uns hilft und wir nicht allein sind.

Diesen Punkt, daß wir gut gerüstet sind, unterstreiche ich, indem ich einen Feuerwehrhelm mitnehme (die Feuerwehr am Ort wird gerne einen zur Verfügung stellen). Panzer des Glaubens und der Liebe und Helm der Hoffnung, so schreibt Paulus. Wir Christen sind wie Feuerwehrleute in dieser Welt. Durch Christus sind wir gut ausgebildet. Aus einem Leben ist uns deutlich, was nötig ist und wir sind wie ein Angehöriger der Feuerwehr gut ausgerüstet, denn der Helm der Hoffnung ist ganz real da. Christus ist gestorben und auferstanden, damit wir in dem noch nicht vollendeten Reich Gottes leben, beten und arbeiten können. Feuerwehrleute, die sich bei einem Brand drücken, obwohl sie das Know How und die Technik haben zu helfen, die wird niemand gutheißen. Paulus sagt uns heute, daß dies für die Nachfolger Christi ähnlich gilt.

Möglicher Schluß
Liebe Mitchristen! Ich habe versucht zu zeigen, daß »Gott sei Dank« kein Grund da ist, an den Problemen dieser Welt zu verzweifeln. Ich kenne mich aber selbst gut genug um zu wissen: Manchmal verläßt mich der Mut, manchmal ist mein Helm der Hoffnung nicht spürbar.
Ich versuche dann mit meinem Gott zu reden. Und wenn mir dazu die Worte fehlen, dann bete ich das Vater Unser, wo es heißt: »Dein Reich komme, dein Wille geschehe ...«. Das hilft mir zu akzeptieren, daß Gottes Reich eben noch nicht fertig ist. Aber es hat angefangen, und selbst wenn ich mit manchem scheitere und Rückschläge kommen. Sein Reich wird kommen und mir hat er dafür soviel mitgegeben, daß ich daran mitbauen soll und kann. Darauf will ich achten und wachsam sein.

Kontexte

Eine Anleitung zum gewaltlosen Leben von Martin Luther King (1929–1968)
1. Meditiere täglich die Lehre und das Leben Jesu.
2. Denke immer daran, daß die Gewaltlosigkeit als Ziel Gerechtigkeit und Versöhnung sucht, nicht Sieg.
3. Geh und sprich liebevoll, denn Gott ist die Liebe.
4. Bete täglich, Gott möge dich brauchen, damit alle Menschen frei werden.
5. Opfere persönliche Wünsche, damit alle Menschen frei werden.
6. Beachte im Umgang mit Freunden und Feinden die Regeln des Anstandes.
7. Suche den Mitmenschen und der Welt zu diesen.
8. Enthalte dich der Gewalt in Tat, Sprache und Gedanken.

»Der Einstieg, der Ausstieg« von Kurt Marti
Gott, der Du einstiegst
in die Miseren der Welt,
der Du ausstiegst aus dem Zirkel
von Verblendung, Gewalt und Zerstörung:
erleuchte uns, bevor wir zerstrahlt sind!
Erbarme Dich,
damit die Erde und wir und die nach uns
nicht unwiderruflich
eigener Gier und Erbarmungslosigkeit
zum Opfer fallen.
(Mit Genehmigung des Radius-Verlags entnommen aus: Ungrund Liebe. Klagen, Wünsche, Lieder. RadiusVerlag, Stuttgart 1987)

Vorletzter Sonntag des Kirchenjahres

Annäherungen an den Predigttext 2. Korinther 5,1-10

Uwe Ranft

Bibelgesprächskreis der evangelischen Kirchengemeinde Auerbach.
Moderation: Gemeindepädagoge Uwe Ranft.
Teilnehmer: 12 Damen und Herren im Alter zwischen 35 und 80 (!) Jahren; eine Teilnehmerin leitet ehrenamtlich die Kindergottesdienstgruppe und verfügt somit über gewisse theologische Vorkenntnisse.

Leitfragen / Gesprächsanregungen
Worüber wünsche ich mir nähere Informationen? Wie reagiere ich auf den Text? Was sagt er mir persönlich? Entspricht er meinen Lebenserfahrungen? Entspricht er meinen Glaubenserfahrungen? Ist er mir fremd? Warum? An welcher speziellen Stelle? Wo will ich ihm widersprechen? Was finde ich rätselhaft? Was fällt mir dazu ein? Worin kann ich übereinstimmen, worin nicht? Wo liegen besondere Schwierigkeiten? Was wäre gut zu wissen?

Nach dem lauten und gemeinsamen Lesen des Textes wurde dieser anhand der Leitfragen besprochen, wobei es immer wieder zu Querverbindungen zu nachfolgenden/vorangehenden Punkten gegeben hat.
Allgemeiner Wunsch der TeilnehmerInnen war es, etwas über die Situation zu erfahren, in der Paulus den vorliegenden Text verfaßt hat. Man war der Meinung, daß jemand, der eine Meinung wie die im Text vorliegende nur vertreten könne, wenn ganz bestimmte, nur für ihn und seine Situation bestimmende Einflüsse wirksam (gewesen) seien. Erörtert wurde in diesem Zusammenhang die Frage, inwieweit die bekannten biographischen Konstellationen (Bekehrungserlebnis) hier maßgebend gewesen sein mögen.
Die Reaktionen auf den Text waren sehr unterschiedlich:
- »Ich weiß ja nicht, was nach dem Tod kommt.«
- »Für mich ist die Frage nach dem Tod mit der Frage nach dem Sterben verbunden.«
- »Ich habe schon soviel über Sterbeprozesse und die Erlebnisse von Scheintoten gehört, die mich verunsichert haben.«
- »Ich habe ein gutes Leben gelebt - hoffe ich wenigstens - und bin jetzt auch zum Sterben bereit, wenn Gott mich abberuft.«

- »Wenn ich jetzt sage, ich kann das unterschreiben, dann stimmt das nicht. Was wird aus meiner Familie? Ich fühle mich noch zu jung zum Sterben.«

Zwischen der 80jährigen Dame und den jüngeren Teilnehmern kam es an diesem Punkt zu einer lebhaften Diskussion, wie sich die Einstellung zu Tod und Sterben - beides wurde den ganzen Abend über als etwas Differierendes betrachtet - in den zurückliegenden Jahren/Jahrzehnten verändert hat. Hauptpunkte der Diskussion:

- Das Loslassen von Besitz war in der früheren Zeit bei weit weniger materialistischer Einstellung leichter.
- Die Auflösung der Großfamilie erschwert das Abschiednehmen.
- Durch die Kleinfamilie der heutigen Zeit ist die Verantwortung für die Familie nicht mehr auf viele verteilt, sondern ruht zumeist auf den Schultern des Verdienenden (siehe auch das letzte Zitat im voranstehenden Abschnitt!)

Um nicht schon zu einem zu frühen Zeitpunkt in eine Diskussion einzelner hermeneutischer Punkte zu kommen, habe ich an dieser Stelle die TeilnehmerInnen noch einmal zum Text zurückgeführt und habe sie noch einmal über ihre Schwierigkeiten mit dem Text und den darin verwendeten Bildern befragt:

- »Ich kann heute eine solche Abwertung des Körpers nicht mehr unterschreiben, wir kennen ja heute den Zusammenhang von Körper - Seele - Geist.«
- »Die Bilder wie ›Hütte‹ regen mich nicht zur Identifikation an, sie stoßen mich eher ab.«
- »Dem Vers 8 kann ich überhaupt nicht zustimmen - wer stirbt denn schon gerne? Auch als Christin lebe ich gern.«
- »Ich glaube, daß sich das Sterben immer in irgendeinem Spannungsfeld bewegt. Ich habe das bei Verwandten schon erlebt: Da gibt es die beiden Pole ›Ich will nicht‹ und ›Ich akzeptiere jetzt‹. Ich glaube, daß die Bewegung vom einen zum anderen Pol auch glaubensabhängig ist.
- »Ich verstehe Paulus an dieser Stelle nicht. Auch Jesus hat ja mit seinem Sterben gekämpft, obwohl er doch wußte, daß er zu seinem Vater zurückkehrt, so wie das im 8. Vers steht.«

Übereinstimmend wurde im weiteren Gespräch festgestellt, daß nach der Meinung der TeilnehmerInnen ein starker Bezug zwischen den Versen 1 (Denn wir *wissen*), 5 und 9/10 besteht:

- »Ich bin davon überzeugt, daß Gott mich als ein gnädiger Richter behandeln wird, Paulus spricht ja im Römerbrief von der Rechtfertigung aus dem Glauben heraus.«
- »Ich bemühe mich zwar, nach menschlichen Maßstäben ein anständiges Leben führen zu können, aber am meisten bitte ich um ein Wachsen im Glauben.«

- »Und dann kann ich ja auch mein Sterben und meinen Tod und was dann auch immer kommen mag, der Liebe Gottes überlassen.«
- »Gerade der 10. Vers erinnert uns doch immer wieder daran, daß wir alle sterben müssen. Aber ich kann nicht behaupten, daß ich so seelenruhig – im wahrsten Sinne des Wortes daran denke wie Paulus.«
- »Ich könnte mir auch vorstellen, daß bei alten Leuten der Wunsch nach Sterben größer ist als bei uns jungen Leuten.«
  (Anm.: Hierauf gab es einen lebhaften Protest der 80jährigen Teilnehmerin!)

Gerade an der differenziert betrachteten Frage nach dem *Sterben* des Menschen und nicht nach seinem *Tod* gab es eine sehr lebhafte und z. T. sehr kontrovers geführte Diskussion nach der »Würde des Sterbens«. Teilweise sehr persönliche Erlebnisse im Bekannten- und Verwandtenkreis wurden den übrigen TeilnehmerInnen erzählt: von lebensverlängernden Maßnahmen, die besser unterblieben wären; von dem Wunsch, lebenserhaltende Maschinen abstellen zu dürfen; von dem eigenen Wunsch, nicht künstlich am Leben erhalten zu werden, z. B. nach einem schweren Unfall mit anschließendem Koma. Für mich wurde hier noch einmal sehr deutlich, daß ganz offensichtlich sehr genau unterschieden wurde zwischen dem *Vorgang des Sterbens* und dem *Tod als Abschluß dieses Prozesses*. Dies kam noch einmal sehr deutlich in der Aussage eines Teilnehmers zum Ausdruck, der meinte, anhand dieses Textes sollte man besser nicht über den Tod predigen - darüber könne sowieso keiner etwas Definitives sagen; vielmehr sollten die Fragen nach einem *humanen Sterben* und nach der Würde des Menschen auch in der Sterbestunde im Vordergrund stehen. Das Interesse der GesprächsteilnehmerInnen galt also vorwiegend den ethischen Fragen im Zusammenhang mit Sterben und Tod.

In einer Abschlußrunde sollte jede(r) Teilnehmer(in) noch einmal in einem Satz Stellung zum Text beziehen; nicht alle äußerten sich:
- »Ich kann mit dem Text wenig anfangen, das ist noch zu weit weg für mich.«
- »Ich lebe mit dem Gedanken, daß Gott mich jeden Moment rufen kann.«
- »Ich hoffe, daß der Herr mir ein schnelles Sterben schenkt.«
- »Ich will nicht, aber ich muß.«
- »Was kommt wohl danach - ich bin neugierig.«
- »Für mich ist der ›Lohn‹ in Vers 10 das ruhige Sterben.«
- »Ich wünschte, so wie Paulus glauben zu können.«
- »Tut mir leid, ich verstehe Paulus noch immer nicht!«

Zum Gottesdienst

Dietrich Korsch

Exegetisch-homiletische Skizze

1. Der Text 1. Korinther 5,1–10 ist Teil der sogenannten Apologie des Apostels Paulus gegenüber der korinthischen Gemeinde (2,14–7,4); das älteste Stück des 2. Korintherbriefs. Darin läßt Paulus erkennen, wie anstrengend seine Tätigkeit ist und wie oft er sich in ihr angefochten weiß. »Wir werden nicht müde«, betont er im Stile einer Selbstermunterung gleich zweimal (4,1.16). Paulus sieht sich der Erfahrung konfrontiert, daß seine Missionserfolge wenig eindeutig sind, daß nirgendwo auch nur eine »einwandfreie« Gemeinde Resultat seiner Verkündigung ist. Er versucht diese Anfechtung zu bewältigen, indem er eine Analogie bildet zwischen seiner apostolischen Tätigkeit und dem Sein Jesu Christi; auch diesem konnte man seine Herrlichkeit, sein Herrsein ja nicht ansehen. Damit ist aber zum Thema gemacht, was denn dieses Christus analoge apostolische Leben unter den Umständen der Anfechtung auszeichnet. Dieser Zusammenhang bietet den besten Schlüssel zum Verständnis unseres Textes.
Die Vorstellungen, die hier auftreten, sind allerdings alles andere als einheitlich. Vielmehr vermischen sich ein apokalyptischer Vorstellungsbereich (jetzt–später/Tod und Gericht) und ein gnostischer Vorstellungsbereich (innen und außen/irdisch und himmlisch). Die gemeinsame dualistische Struktur ermöglicht die Verknüpfung, jedoch auf Kosten der Logik in den Bildern selbst. Am ehesten läßt sich das Bildmaterial so zusammenfassen: Wenn das äußere, irdische Leben zu Ende geht, dann wird die Seele nicht nackt vor Gott stehen, sondern mit einem geistlichen Leib bekleidet werden. So bleibt der Mensch auch im Tod als Person vor Gott erhalten und löst sich nicht (gnostisch) in seine Bestandteile auf, von denen die Seele allein gerettet wird. Vielmehr gibt es – durch den Tod dieses Leibes hindurch – so etwas wie eine von Gott gestiftete Kontinuität in die Ewigkeit.
Die Pointe besteht für Paulus freilich darin, daß das ganze duale Menschenbild dadurch geprägt wird, daß Gott seinen Geist als Unterpfand der Herrlichkeit jetzt schon in dieses Leben gegeben hat (Vers 5). Diese Geistesgabe veranlaßt nun aber, den antiken Dualismus gründlich zu ändern. Der Geist vertieft den traditionellen Dualismus so, daß nicht nur der Gegensatz von alt und neu im hiesigen Leben vollends unerträglich wird, sondern das menschliche Leben auch zukünftig noch an einen Leib gebunden sein wird – so daß von daher auch der irdische Leib, trotz seiner Hinfälligkeit, einen eigenen Wert erhält. So kann man sich erklären, daß Paulus sich einerseits wünscht, ganz bei Gott sein zu wollen (ohne alle irdischen Spannungen und Ambivalenzen, Vers 8), daß er aber andererseits durchaus ein-

willigt, weiter in diesem irdischen Leibe zu bleiben (Vers 9). Kurz gesagt: Das Unterpfand des Geistes versetzt in die Spannung zum jetzt gelebten Leben und zeigt zugleich, daß man sie in Verantwortung aushalten muß. Dieses Motiv der Verantwortung wird von dem abschließenden Wort über den Richterstuhl Christi (Vers 10) noch einmal besonders betont. Anders als der Kursivdruck in meiner Lutherbibel es möchte, liegt hier aber nicht der Ton des Textes; es geht lediglich um die Konsequenz, der auch dieses irdisch-leiblich gelebte Leben Gottes wertendem Willen unterstellt ist.

2. In systematischer Bündelung kann man die Struktur des Textes so zusammenfassen: Der vom Geist als Unterpfand gewirkte Glaube versetzt in eine starke, nicht leicht auszuhaltende Spannung zum jetzt und hier sich vollziehenden Leben und aktiviert den Wunsch nach einem von allen Ambivalenzen freien Leben mit und vor Gott, einem Leben »im Schauen«. Paulus zeigt aber gegen diesen ihm selbst in seiner apostolischen Anfechtung nicht fremden Wunsch, daß die im Glauben wurzelnde Gewißheit noch viel tiefer reicht, indem sie nämlich dazu instand setzt, die Ambivalenzen des Lebens weiter zu tragen und ethisch zu verantworten. Die Glaubensgewißheit hält also die Zweideutigkeiten und Anfechtungen zusammen; auch und gerade da, wo wir selbst das nicht mehr vermögen. Diese getroste Lebenshaltung ist die richtige Gestalt der christlichen Hoffnung.

3. Ein streng dualistisches Menschenbild im antik-traditionellen Sinne wird heute nicht mehr ernsthaft geteilt. Statt dessen darf die Ablehnung der Leibfeindschaft als verbreitet unterstellt werden. Gerade daher werden dann die Passagen im Text besondere Aufmerksamkeit auf sich ziehen, die diesem Schema zu entsprechen scheinen; obwohl, wie die Besinnung zum Text gezeigt hat, darauf gerade nicht dessen Akzent liegt. Hier ist, wie die Annäherungen zeigen, mit Widerständen beim Hören zu rechnen.

Verwandt mit dem Dualismus ist jedoch das Streben nach Eindeutigkeit; dazu war der Dualismus ja ersonnen. Nun läßt sich Eindeutigkeit auf unterschiedlichen Wegen erreichen. Einmal durch eine selektive Wirklichkeitswahrnehmung. Andererseits, und das ist das Thema des Predigttextes, kann sie so tief angelegt sein, daß sie Vielfalt erlaubt, ohne sie verkennen und beschränken zu müssen. Von dieser Art ist die Eindeutigkeit des Glaubens, der nicht um seiner selbst willen die Vielzahl der Möglichkeiten begrenzt, sondern aus ethischer Verantwortung.

Der Text drängt das Thema »Tod« auf; das haben die Annäherungen noch einmal nachdrücklich bezeugt; auch der Kasus »Volkstrauertag« legt es nahe. Gerade am Tod zeigt sich abermals die Schwierigkeit, mit Vieldeutigkeit umzugehen: Der Tod der anderen ist deutungsbedürftig; der eigene Tod gerät zunehmend in den Bereich verantwortungsbedürftigen Handelns. Insofern möchte ich Eindeutigkeit, Vieldeutigkeit, Tod und Glaube/Geist miteinander verbinden. Der gedankliche Zentralpunkt dabei ist die eigentümliche vom Geist gewirkte Glaubensgewißheit, die in Ambivalenzen ihre tröstende und orientierende Kraft bewährt.

Vorschläge zur Liturgie

Sündenbekenntnis
Aus der Tiefe rufe ich, Herr, zu dir; Herr, höre meine Stimme. Rufen will ich, doch die Stimme versagt. Schreien, doch es dringt kein Ton heraus, himmelan.
Verzweiflung befällt mich. Wenn ich doch wenigstens wüßte, wo überall ich fehlte. Du, Herr, weißt es. Dir vertraue ich mich an. Du hörst noch meinen lautlosen Schrei. Du wirst mich gnädig richten.

Gnadenzuspruch
So spricht der Herr: Rufe mich an in der Not, so will ich dich erretten, und du sollst mich preisen. (Psalm 50,15)

Kollektengebet
Was wird sein am Ende, Herr? Wo alles aus ist, wo wir nichts mehr wissen, wollen, können? Auf dich treffen wir, auf jeden Fall; anderes wissen wir nicht. Auch nicht, wie wir dastehen werden. Lehre uns durch dein Wort dir vertrauen, in allem, was geschieht, im Leben und im Sterben.

Evangelium: Matthäus 25,31–46

Fürbittengebet
Herr Gott, wir bitten dich für die Toten. Für die, die aus dem vieldeutigen Leben in die stumme Eindeutigkeit des Todes gegangen sind. Nimm sie auf in deiner Güte und Gerechtigkeit. Hilf uns, die Fragen anzunehmen, die sie uns übriglassen. Lehre uns bedenken, daß wir sterben müssen, auf daß wir klug werden.
Herr Gott, wir bitten dich für die Lebenden. Für die, die voller Hoffnung sind auf ihre Zukunft, daß sie die Zuversicht nicht verlieren. Für die, die voller Liebe sind, daß sie selbst Liebe erfahren und empfangen. Für die, die sich auf dich verlassen, daß sie erfahren: Du läßt sie nie allein.
Herr Gott, wir bitten dich für uns Lebende, die sterben müssen. Sei bei den Traurigen und Verzweifelten, höre ihr stummes Rufen. Steh den Leidenden bei und laß sie Hilfe finden. Gib den Sterbenden Trost und verheiße ihnen dein Heil.
Nimm dich unser gnädig an, rette und erhalte uns, denn dir allein gebührt der Ruhm und die Ehre und die Anbetung, dem Vater, dem Sohn und dem Heiligen Geist, jetzt und immerdar und von Ewigkeit zu Ewigkeit.

Lieder
Wir warten dein, o Gottes Sohn, EG 152; Mitten wir im Leben sind, EG 518; Christus, der ist mein Leben, EG 516; Ich bin ein Gast auf Erden, EG 529,1.3.6.7.12

Vorschlag zur Predigt

Möglicher Anfang

Eindeutig, liebe Gemeinde, eindeutig ist nur der Tod. Das Leben ist zu Ende. Der Schlußstrich gezogen. Zu verändern ist nichts mehr. Alles war, wie es war. Kein Schwanken gibt es. Nichts ist mehr zu verstehen. Aus. Ende. So ist es für alle, die gestorben sind. Und so wünscht sich mancher, der wütend ist, traurig und verzweifelt, es möchte alles vorbei sein.

Aber eindeutig, liebe Gemeinde, eindeutig ist in Wahrheit nicht einmal der Tod. Denn die, die weiterleben, fragen sich: Warum? Warum ist sie jetzt gestorben? Warum mußte er so sterben? Hat sein Sterben einen Sinn gehabt? Hat ihr Leben einen Sinn besessen? Warum sterben Menschen in den Kriegen, immer wieder? Warum kämpfen Soldaten und fallen? Eindeutig ist das alles nicht, sondern unendlich, endlos vieldeutig.

Wie wird es sein bei meinem Sterben, frage ich. Werde ich schnell und plötzlich sterben? Oder langsam altern, schwach und gebrechlich werden, vielleicht anderen zur Last fallen? Werde ich die aufwendige Hilfe unserer modernen Medizin in Anspruch nehmen müssen, und in welchem Ausmaß, mit welchem Ausgang? Soll ich mit Teilen meines Körpers anderen zu helfen versuchen, wenn mein Tod besiegelte Sache ist?

Nein, eindeutig, liebe Gemeinde, ist nicht einmal der Tod. So wenig wie das Leben, auf das er seine Schatten wirft. Es ist am Ende sogar seine stumme Eindeutigkeit, die das Leben und ihn selbst so zwiespältig macht. Die das Fragen ohne Antwort und Ende in Gang setzt. Wozu Leben? Gibt es ein Ziel? Finde ich selbst ans Ende? Was bleibt?

Zum weiteren Verlauf

Ich mache einen Schnitt und spreche von der Angefochtenheit des Apostels Paulus, die zunächst und an der Oberfläche betrachtet darin besteht, daß ihm der eindeutige Erfolg fehlt. Ich verschärfe die Frage dann so, daß deutlich wird: Gerade auf dem Hintergrund des Evangeliums, das Paulus predigt, auf dem Hintergrund seines (von ihm selbst ja empfundenen) Geistbesitzes, bekommt sein Mißerfolg besonderes Gewicht. So daß sich ihm die Frage stellt: Sollte ich nicht fliehen? In die Eindeutigkeit des Todes? Und zwar gerade deshalb, weil er sich des Geistes bewußt ist, der in ihm wohnt.

Neuer Schnitt: Glaube als Eindeutigkeit - das ist auch für uns nachvollziehbar und ansprechend. Wenn es gelänge, in der Vielgestaltigkeit des Lebens eine sicher erkennbare Gestalt zu gewinnen, die Mehrdeutigkeit der Wirklichkeit zu reduzieren. (Hier würde ich Beispiele aus dem Erfahrungsbereich meiner Gemeinde einfügen; auf keinen Fall abstrakte Fundamentalismus-Vorwürfe erheben.) Diese Lösung ist verlockend, aber nicht aussichtsreich.

Zurück zum Text: Überraschenderweise hält Paulus nämlich an der Leiblichkeit fest, die im biblischen Sinne zur Personalität des Menschen unabtrennbar gehört. Darum ist, so sehr uns die Ambivalenzen hier drücken, ihnen standzuhalten. Es ist mit ihnen verantwortlich umzugehen (so, daß man sich auch letztgültig zu seiner Verantwortung zu bekennen in der Lage wäre - der Gerichtsgedanke).
Wie ist das aber möglich? Nur dann, wenn die Tiefe des Glaubens entdeckt wird. Daß er da anfängt und gründet, wo nichts mehr hinreicht. Daß er aber gerade darum trägt, wo nichts mehr hält. (Das läßt sich über Person und Geschichte Jesu Christi noch weiter veranschaulichen.) So und nur so ist der Glaube letzte Gewißheit, ist er vom Geist als Unterpfand gegeben, nimmt er teil an Gottes eigenem Leben.

Möglicher Schluß
Eindeutig, liebe Gemeinde, scheint der Tod. Er ist es nicht. Er läßt die Lebenden mit der uneinlösbaren Forderung zurück, ihm einen Sinn geben zu sollen. Er stürzt das Leben erst rechts ins Zwielicht, dem es entkommen möchte. Wir entkommen ihm nicht. Aber wir brauchen uns diesem Hin und Her, diesem verzweifelten Suchen, auch nicht endlos auszusetzen. Im Glauben wandeln, meint der Apostel, das läßt uns leben auf der Erde. Im Glauben wandeln, das läßt uns hoffen auf den Himmel. Denn hier und dort, jetzt und dann, zehren wir von Gottes Geist, der eben in diesem Glauben bei uns ist und uns bei sich hält. Wer die Zweideutigkeiten aushält, in denen wir leben, wird sich am Ende auch vor der vermeintlichen Eindeutigkeit des Todes nicht fürchten. Amen.

Eine Alternative und drei Kontexte dazu

Eine Alternative zum Predigtvorschlag könnte die Frage thematisieren: Wo ist meine Heimat? Dabei wäre zuerst die Dialektik der Heimat zu bedenken, daß wir sie immer nur haben, indem wir sie suchen, nachdem wir sie einmal verloren haben (Härtling). Ist der Himmel die Heimat? könnte man anschließend fragen. Und dabei die Sehnsucht des Paulus beschreiben als Sehnsucht nach der Heimat, die ihren Vorschein schon in die irdisch-weltliche Fremde geworfen hat. Es wäre dann schließlich herauszustellen, daß die Gabe des Geistes die Synthese ist, die Härtling meint, welche das Nächste und das Fernste verbindet, so daß auch hier ein tieferer Begriff von Heimat (himmlische Heimat - auf Erden) entdeckt wird.

Dorothee Sölle: Es ist gerade die versprochene Heimat, die heimatlos macht. (EG, Ausgabe Bayern und Thüringen, S. 297)

Peter Härtling: Heimat erfahren wir zweifach; als das uns Nächste und das ersehnte Entfernteste. Wem die Synthese gelingt, den Bogen zwischen beiden zu schlagen,

der hat Heimat. (...) Heimat: Sie ist erst da und dann nicht mehr. Sie ist der Keim unserer Geschichte, die wir anders fortsetzen. Sie ist Vaterland und müßte doch eigentlich Mutterland sein. Sie ist der Anfang und müßte doch, wenn wir sie ergreifen, das Ende sein. Darum fällt uns die Heimkunft so schwer. Was wir nämlich unter Heimat verstehen, verkleinern, verniedlichen wir, weil wir den Anspruch noch unverdorbener Humanität kaum ertragen.
(Peter Härtling, Über Heimat, Verlag der Buchhandlung Aigner, Ludwigsburg 1982, S. 16, 30)

Friedrich Hölderin, Die Heimat:
Froh kehrt der Schiffer heim an den stillen Strom
Von fernen Inseln, wo er geerntet hat;
    Wohl möcht ich auch zur Heimat wieder;
        Aber was hab ich, wie Leid, geerntet? -

Ihr holden Ufer, die ihr mich aufzogt,
Stillt ihr der Liebe Leiden? ach! gebt ihr mir,
    Ihr Wälder meiner Kindheit, wann ich
        Komme, die Ruhe noch Einmal wieder?

(Z.B. in: Echtermeyer/von Wiese, Deutsche Gedichte, August Bagel Verlag, Düsseldorf 1966, S. 327f.)

Buß- und Bettag

Annäherungen an den Predigttext Jesaja 1,10–17

Karl-Heinz Ronecker

Das Gespräch wurde in Jerusalem geführt, in einer Zeit, in der der Friedensprozeß Hoffnungen erweckte, aber auch die Schwierigkeiten sichtbar wurden, die zu überwinden sind. Die Teilnehmerinnen und Teilnehmer an der Gesprächsrunde befinden sich im Regelfall für ein Jahr im Heiligen Land, sei es zum Studium oder als Mitarbeiter sozialer Einrichtungen in Israel bzw. der Westbank. Nur wenige leben schon seit längerem hier.
Am Gespräch nahmen teil: Angelika, Krankenschwester; Anita, Studentin; Diet, Leiterin eines arabischen Kinderheimes; Gerd, Mathematiker; Ines, Studentin; Inge, Lehrerin; Jacob, Leiter einer Behinderteneinrichtung; Jens, Student; Marianne, Physiotherapeutin; Martin, Zivildienstleistender; Sören, Krankenpfleger.

Erste Reaktionen. Diet platzt los: »Dieser Text hat nichts mit mir zu tun. Außer im letzten Vers kann ich mich hier nicht wiederfinden. Opfer, Neumonde, Rituale, das sagt mir nichts.«
Jakob ergänzt: »Jesajas Rede ist ein harter Brocken. Sodom gibt es nicht mehr. Hier wird schon die Anrede zur Anklage.«
Marianne fragt: »›Ich hasse eure Feste‹, soll das etwa heißen, ich kann eure Christbäume nicht mehr sehen und eure aufgeblasenen Gebete nicht mehr hören?«
»Was aber ist«, so wird entgegnet, »wenn die Feste abgeschafft sind und noch immer kein Recht herrscht? Will der Prophet die Feste beseitigen, oder will er das Recht stärken?«
»Der Text ist dunkel«, wirft jemand ein, »mir ist das alles zu schwarz/weiß.«

Zustimmung und Widerspruch. Martin kann sich kaum noch zurückhalten. Er wirkt begeistert. »Das ist eine erfrischend deftige Sprache. Das sind deutliche Worte. Die kann unter uns nicht jeder finden, aber es wäre gut, wenn so häufiger gepredigt würde.«
»Das ist keine deftige, sondern eine harte Rede«, wird ihm geantwortet. Doch er bleibt dabei: »Was für eine Ironie! Gott sagt, ihr kommt, und ich

muß bloß wieder putzen, mehr bringt euer Gottesdienstbesuch nicht. Die Sätze des Jesaja sind unglaublich mutig.«

»Mich fasziniert«, »werfe ich ein, »daß Gott Gerechtigkeit will.« Das wird aufgegriffen. »Aber wie weit sind Israel und die Christenheit davon entfernt?«

»Mir ist der Schluß wichtig«, betont Inge. »Du hast eine Aufgabe auf dieser Erde. Du bist von Gott berufen, um Gutes zu tun.«

Die Übersetzung »weist den Gewalttätigen in Schranken«, wird fast einmütig für die bessere gehalten. »Das ist hochaktuell«, so wird gesagt, »für Deutschland und für den Nahen Osten. Müßte das nicht zu Hause plakatiert werden, damit es viele ernst nehmen? Warum steht, wenn Unrecht geschieht, nicht eine ganze Stadt auf? Warum sagen nicht alle: ›Leute, mit uns nicht!‹? Es ist gut, daß sich Jesaja an die Herren und das Volk wendet! Es geht nicht, daß Gewalttaten geschehen, und die Menschen sehen zu. Es geht auch nicht, alles auf den Staat abzuschieben.«

»Die Witwen und Waisen«, meint Ines, »sind heutzutage nicht mehr unser Problem.« »Aber ihre Situation wiederholt sich überall dort«, erwidert Jens, »wo einer allein steht.«

»Feiern und gottesdienstliches Handeln«, so wird hinzugefügt, dürften eigentlich erst wieder sein, wenn Gerechtigkeit geschieht.«

Der Satz erntet jedoch heftigen Widerspruch: »Das geht zu weit. Es heißt hier nicht ›Ihr sollt keine Feste mehr feiern‹, sondern: ›Ihr sollt euer Leben nach der Gerechtigkeit ausrichten.‹«

»Ist«, so meinte Inge, »nicht auch die Landverheißung in der Bibel an die Forderung gebunden, Gerechtigkeit zu üben? Warum wird das in Israel so wenig beachtet?«

»Auf alle Fälle«, betont Martin, »ist Gott unbestechlich. Das tut gut.«

Fragen: Was ist mit den Opfern? Werden die nicht zur Vergebung der Sünden dargebracht? Wie kann Gott dann wegsehen?

Oder sollen die Opferfeiern Gemeinschaft mit Gott schaffen? Dann ist sein Widerspruch besser zu verstehen: »Ihr könnt mich doch nicht zu eurem Komplizen machen!«

Was soll die Aufforderung: »Reinigt euch!«? Können die Leute nicht sagen: »Das tun wir doch. Darum kommen wir ins Heiligtum, darum beten wir«? Es ist gut, wenn einer sagt, ich will clean sein.

»Was aber meint: ›Wascht euch!‹«? Heißt es nicht sonst in den Psalmen, daß Gott das tun muß? (Reinige du mich!)

Ist bei dem Wort ›Blut‹ an das Opfer der Opfertiere gedacht, oder handelt es sich um ein drastisches Bild für das begangene Unrecht?

Stimmt die Vermutung, daß Gott kein Reinigungsritual will, auch keine Zerknirschung, sondern daß Recht geschieht? Was heißt das dann für den Buß- und Bettag?

Wünsche an die Predigt: Sie soll Vers 17 in den Mittelpunkt stellen. Sie soll bei dem dort angesprochenen Lernprozeß behilflich sein, deutliche Worte finden und trotz Bußtag Mut machen. Ohne Mut (Zivilcourage) gibt es nämlich kein Recht.

Zum Gottesdienst

Dieter Schupp

Zu den »Annäherungen an den Predigttext«

- Es gibt nicht nur in Jerusalem, sondern auch hier wie anderswo genug Leute, die behaupten, sie könnten sich in der Bibel »nicht wiederfinden«. Vermutlich hat es ihnen nie jemand gesagt, wie wichtig es ist, sich einzufühlen in Menschen, die ihre Probleme haben zum Beispiel mit den Fest- und Feiertagen oder mit Ritualen und Ordnungen, die ihr Leben - wie sie meinen - nur einengen. Wer einen anderen Menschen wirklich verstehen will, der sollte versuchen, sich in sein Innenleben hineinzudenken.
Sodom gibt es nicht mehr? Lieber Jakob, da irrst du dich aber gewaltig. Es gibt Dörfer und Städte hierzulande, in denen der Teufel los ist. Da wird vandaliert und zerstört, getreten und geschlagen, gezündet und gemordet, auf Teufel komm 'raus. Da gibt es - hier genauso wie anderswo - Zustände, die schreien geradezu zum Himmel.
- Es mag ja sein: ohne die kalendarisch fixierten und thematisch von der Religion bestimmten Feste könnte sich die Welt auch weiterhin munter drehen. Aber doch nur so, wie es sich die jeweiligen Nutznießer wünschen: nämlich nicht in Frage gestellt.
- Erwartet wird das Erfrischende, das deutliche Wort. Abgelehnt wird die »harte Rede«, die kalt und rücksichtslos sagt, was Sache ist.
Ich weiß, ich weiß: Der Ton macht die Musik ... Ist das so gemeint? Wie - auch nicht?
Weil man es bekanntlich nie allen recht machen kann (warum denn auch?), sollte man wenigstens versuchen, der Vorlage (bzw. dem Text) gerecht zu werden.
- Klar, daß die Gesprächsteilnehmer, die sich für ein Jahr im ›Heiligen Land‹ aufhalten, zuerst geographisch und politisch denken (müssen). Darum auch ihre Forderung, mit Jesaja und allen Propheten: »Es geht nicht, daß Gewalttaten geschehen und die Menschen sehen zu.«
Da wie dort: Militante jüdische Farmer, fundamentalistische Moslems, aggressive Palästinenser oder orthodoxe Zionisten. - Aufgehetzte Fremdenhasser, verblendete Skinheads, verdummte Neonazis und unbelehrbare Rechtsextremisten.

Sie alle sollen mit unserem entschlossenen Widerstand rechnen müssen und ihn zu spüren bekommen.
- Die Witwen und die Waisen seien »heutzutage nicht mehr unser Problem …«?
Liebe Ines! Ich kenne eine Frau, neunundsiebzig, die lebt - nach Abzug aller feststehenden Kosten - von ihren 241 Mark Witwenrente. Im Monat. Ich kenne ein junges Mädchen, gerade fünfzehn geworden. Ihr Vater ist vor drei Jahren bei einem Autounfall ums Leben gekommen, seit ein paar Monaten ist die Mutter in einer Nervenklinik.
Heutzutage nicht mehr unser Problem?
- Ach, Martin, mach' dir doch nichts vor, Gott ist bestechlich. Gott sei Dank. Lies nur mal das 18. Kapitel im 1. Mosebuch, wo es Abraham gelingt, mit ihm zu handeln. Fünfzig Gerechte fordert Gott zu Beginn, mit zehn gibt er sich am Ende zufrieden.
Man kann Gott sicher nicht bestechen mit Geld und Opfern und mit putzigen Geschenken. Aber daß man ihn umstimmen und sogar ›rumbringen‹ kann, das glaube ich. Weil ich es selbst schon erlebt habe.

Vorschläge zur Liturgie

Gnadenzusage
Darauf hat Jesus uns sein Wort gegeben: Siehe, ich bin bei euch alle Tage bis an der Welt Ende.

Kollektengebet
Wenn wir das Leben suchen, das Du uns zugedacht hast, -
dabei aber nicht über Grenzen hinwegkommen, -
wenn wir uns alle Mühe geben und bald schon merken, wie vergeblich unser Bemühen ist, -
und wenn wir denken, wir hätten alles schon getan und mit uns sei nun wirklich nichts mehr anzufangen,
dann erbarme dich unser, Gott.

Wenn wir an uns selber zweifeln, die Orientierung verloren haben und keine Perspektiven mehr sehen, -
wenn wir dabei sind, uns zu verstecken und uns beiden nichts mehr zutrauen, -
wenn wir uns biegen müssen unter der Schuld, die auf uns lastet, und wir uns nur noch wünschen können, endlich davon erlöst zu werden,
dann erbarme dich unser, Gott.

Schriftlesung
Römer 2,1-11; Lukas 13,6-9; Hiob 28,20-28

Lieder
EG 144 »Aus tiefer Not«
EG 146 »Nimm von uns Herr, du treuer Gott

Schuldbekenntnis
(Meditation über Jesaja 59,10 ff.)

Wir tasten uns an einer Wand entlang wie die Blinden,
laufen in etwas hinein,
als hätten wir keine Augen im Kopf.
Am hellichten Tag straucheln wir
und in der Dämmerung sind wir vor keinem Fehltritt sicher.

Wir brummen vor uns hin wie die Bären.
Wie Tauben gurren, so gurren wir.
Recht wäre es uns, ginge es gerecht zu, -
könnte jeder zu seinem Recht kommen.
Nichts bleibt uns sonst als darauf zu warten, -
zu hoffen.
Doch was wir sehen und erleben, schreit zum Himmel:
Es gibt kein Recht.
Nicht eins, das wirklich für alle gültig ist.
Heillos sind die Zustände,
in uns und überall, wohin wir sehen.

Das hat so seinen Grund:
Wir haben die Treue gebrochen, Gott,
es war wieder einmal auf uns kein Verlaß.
Sinnlos, das nicht zuzugeben.
Auch ist uns bewußt:
Was uns mißglückte und durch uns verschuldet wurde,
was wir gebrochen und zerbrochen haben,
das ist unserem Wesen inne und schreit
nach Befreiung, nach Erlösung.

Fremd sind wir gegangen,
ließen uns verführen von eiskalten Parolen
und von allerlei farbigen Angeboten,
die uns das Blaue vom Himmel versprachen.
Von Lügengeschichten ließen wir uns blenden,
gedankenloses Gerede nahmen wir hin
und das »Als-ob-Getue« durchschauten wir nicht.

Verdrängen ließen wir uns die Frage
nach dem Recht,
wir wichen von der geraden Linie ab,

waren nicht offen und drückten ein Auge zu,
wenn die Gerechtigkeit auf der Strecke blieb.
Dabei wissen wir doch:
Du läßt über sie nichts kommen.

Zu Fall gekommen ist die Wahrheit auf der Gasse.
Es ist kein Verlaß mehr auf ein Wort,
auch nicht auf ein Urteil.
Vermißt gemeldet wurde die Aufrichtigkeit.
Überall nur und an allen Ecken
ein krummes und ein Grades.
Und soweit ist es gekommen:
Wer das Böse meidet, ist der Dumme und wer nach Gott fragt,
sieht alt aus.

Doch es kann nicht anders sein:
Du, Gott, siehst, was hier gespielt wird
und auch, wie wir es meinen.
All diese Machenschaften sind dir ein Greuel,
unmöglich, daß du sie duldest
und ihnen etwas abgewinnen könntest.
Am allerschlimmsten ist für dich,
wenn das Recht gebeugt wird
und Menschen um ihr Recht betrogen werden.
Das läßt du nicht zu, nie und nimmer,
wenn einem von uns, wer es auch ist, bestritten wird,
berechtigt da zu sein.

Du hast ihn in sein Leben berufen.
darum haben er und sie und alle ein Recht darauf,
da sein zu dürfen:
Auf dieser Erde und unter dem Himmel unseres Gottes.

Vorschlag zur Predigt

Möglicher Anfang
Zu allen Zeiten und an allen Orten träumten die Menschen davon: Verschieben und verdrängen, versenken und vergessen zu können, was mißfällt, beunruhigt, beschuldigt und belastet.
- Einen Sündenbock anbieten
- Für Ablenkung sorgen
- Mit Mengen spielen und mit Zahlen
- Eintauchen in den Fluß Lethe
- Sich eine Absolution abholen

Begehrt war schon immer das Sakrament des Vergessens.

Heute und ohne Religion:

Man verweigert sich dem Entsinnen, weicht dem Gedenken aus, flüchtet sich in emsige Betriebsamkeit.
Man schiebt ab in die Archive und lagert dort Unerledigtes ein, in der Hoffnung, es würde dort verstauben.
Was gewesen ist, sagt man, das soll man wesen lassen. Nach soundsovielen Tagen oder gar Jahren, sagt man, ist es Zeit, endlich den Mantel des Vergessens auszubreiten über das, wovon niemand mehr was wissen möchte.
Altes muß Neuem Platz machen, sagt man, und es lohne sich nicht, längst historisch Gewordenes wach- und zurückzurufen.

Einrede:
Das Vergangene ist nie vergangen.
Es kehrt sich gegen uns, wenn wir versuchen, es zu verschieben und zu verdrängen, es zu versenken oder zu vergessen. Es setzt sich in unseren Organen fest, wenn wir es verschweigen oder übersehen, es religiös überhöhen oder wortlos übergehen …
Wir brauchen wenigstens einen Tag und auch einen Ort, wo wir unzensiert in uns wachrufen können, was kaum noch da ist, - dennoch unserem Leben inne ist.
Es gehört, so oder so, zu unserem Leben und zu unserer Geschichte. Und nur wenn wir es zulassen und uns bewußt erinnern, werden wir fähig werden, uns selber vor Wiederholungen zu bewahren.

Warum?
Wir müssen es tun, wir müssen es sein, denn schon riecht es wieder nach Rauch und nach Asche, nach Blut und nach Tränen.
Konkret erweist sich die Wahrheit der alten Weisheit: Alles Verdrängte hat einen Auftrieb, - so stark wie Kork unter Wasser. Drängt sich nach oben, mit Macht.

Dagegen setzen wir, mit Jesaja und allen Propheten, die Grammatik des Erinnerns.
Der 1. Satz fragt nach dem Wozu, nach der nachprüfbaren Motivation für den Aufwand, Erinnerungen herzustellen.
Transitiv verstanden besagt Vergessen: Du bist meinem Gedächtnis entfallen.

Doch so zu denken und zu reden beleidigt die, die durch uns und unsere Geschichte beleidigt wurden; die wir verletzten, denen wir ein Daseinsrecht absprachen, die wir um ihr Leben brachten und zum wiederholten Male für tot erklären …

Zu versuchen, es »wiedergutzumachen«, ist beiden - Gott und den Beleidigten - zuwider.

Der 2. Satz einer Grammatik des Erinnerns fragt nach dem genauen Begriff. Noch immer klagen sie für sich, die Gedemütigten und die Erniedrigten, die um ihr Recht Gebrachten; klagen vor Gott, wenn sie es können. Klagen vor dem Gedächtnis der Menschheit.
Was mit ihnen geschah, was wir nicht verhinderten, was wir schweigend hinnehmen und einspruchslos geschehen sein lassen, das ist nie wieder gutzumachen. Doch wenn wir, vielleicht auch noch mit einem hilflosen Grinsen, darüber hinweggehen, sie aus dem Sinn verlieren, - dann machen wir uns erneut an ihnen schuldig. Und alle Alibi-Veranstaltungen, die wir selbst - festlich geradezu - inszenieren, reichen nie aus, um uns freizusprechen.
Worauf sie aber warten: daß wir besser hinhören und gründlicher nachfragen, genauer hinsehen und deutlicher reden.
Daß wir protestieren im Namen Gottes gegen jedwede Art von Unrecht, Leid, Gnadenlosigkeit, Verachtung von Leben.

Der 3. Satz einer Grammatik des Erinnerns fragt nach dem angeblich so Belanglosen: Nach Balken und Knüppeln, nach Blicken auch und ausgestreckten Zeigefingern. Nach Schulbänken und Straßenecken, Wohnzimmern und Zellen, Haken und Ösen. Auch nach den Bedingungs- und Befehlssätzen, nach Tagebüchern und Gedichtbänden, nach den Tränen auf einem Kopfkissen und kleinen Habseligkeiten, nach Briefen und Adressen.
Das »Eingedenksein« interessiert sich vor allem auch für die sogenannten Kleinigkeiten, die angeblich keiner Rede wert sind oder über die man achtlos hinweggeht.

Konkretionen am Buß- und Bettag:
- Das Taschentuch meiner Tante Johanna zum Beispiel und die drei Orden, auf die Herr R. sein Leben lang so stolz war.
- Die vier Zeilen, die Marion schrieb und die Leichenblässe im Gesicht der Lehrerin an der Gutenbergschule.
- Schritte und Hiebe, vom Fernsehen in meine Stube übertragen und die Bemerkung eines Pressesprechers.
- Warteschlangen vor einem LKW und ein Berg mit Leichen.
- Dede Y. in seiner Angst und »Inschi«, wie sie ihn nannten.

Möglicher Schluß
Wir müssen uns erinnern, denn nur die Erinnerung macht uns empfindlicher und verwundbarer für fremdes Leid.
Leute, es möchten die Gedemütigten und Erniedrigten, die Verletzten und Beleidigten, die um ihr Leben Gebrachten nicht noch einmal um ihr Leben kommen durch unsere Vergeßlichkeit!

Kontexte

»Jeder kennt den sonderbaren Zustand, wenn sich plötzlich unangenehme Erinnerungen aufdrängen und wenn wir dann durch heftige Gebärden und Laute bemüht sind, sie uns aus dem Sinne zu schlagen; aber die Gebärden und Laute des allgemeinen Lebens lassen erraten, daß wir uns alle und immerdar in einem solchen Zustande befinden, in Furcht vor der Erinnerung und Verinnerlichung.«
(Fr. Nietzsche: Unzeitgemäße Betrachtungen)

»Unser Gedächtnis gleicht einem Siebe, dessen Löcher anfangs klein, wenig durchfallen lassen, jedoch immer größer werden und endlich so groß, daß das Hineingeworfene fast alles durchfällt.«
(A. Schopenhauer: Parerga und Paralipomena)

»Die Trauerarbeit ist nicht auf Restitution schlechthin aus, sie bringt uns langsam dazu, die definitive Veränderung der Realität durch den Verlust des Objektes zu akzeptieren. In dieser Arbeit kann auch die Ambivalenz der Beziehung nacherlebt und anerkannt werden. Das hat zur Folge, daß am Ende der Trauerarbeit das Individuum verändert, das heißt gereift, mit einer größeren Fähigkeit, die Realität zu ertragen, aus ihr hervorgeht.«
(Alexander u. Margarete Mitscherlich, Die Unfähigkeit zu trauern. © R. Piper & Co. Verlag, München 1967)

Remember (engl): Wieder zu einer Gemeinschaft gehören. Das heißt, die ins Gedächtnis aufnehmen, die weit vor uns gelebt haben und sich verbunden wissen dürfen mit allen, mit denen man auf die eine oder andere Weise etwas gemeinsam hat.
»Buße heißt nicht, daß ein Ertappter bestraft wird, sondern daß ein Bedrückter wieder lachen kann ... Gewöhnlich pflegen wir Schuld zu verharmlosen ..., als ob nicht jeder das Recht hätte, selber zu entscheiden, was für ihn schlimm ist ...«
(G. Hartmann in: Worte zum Tage, Gütersloher Verlagshaus, Gütersloh)

Die Erinnerung an eigene Schuld kann die Bereitschaft zur Barmherzigkeit verstärken. Der Untadelige avanciert gern zum Richter. Unsere Schuld wird gebraucht – zumindest das Bewußtsein eigener Unzulänglichkeiten.«
(R. Schulz in: Worte für mich, Gütersloher Verlagshaus, Gütersloh S. 37)

»Ein Mann hat eine Erfahrung gemacht, jetzt sucht er die Geschichte dazu – man kann nicht leben mit einer Erfahrung, die ohne Geschichte bleibt, scheint es, und manchmal stelle ich mir vor, ein andrer habe genau die Geschichte meiner Erfahrung ...«
(Max Frisch: Mein Name sei Gantenbein, Suhrkamp-Verlag, Frankfurt)

»Biblische Geschichten bieten Material dafür, die eigene Lebensgeschichte zu entziffern. Sie können helfen, Leid auszudrücken, das nicht beseitigt werden kann.«
(Michael Nüchtern: Was heilen kann – Vandenhoeck 1994)

»Sah ich dich nicht mehr an,
Bruder? An blutiger Wand
schlug uns Schlaf. So sind wir
weitergegangen, um alles
blind.«
(Johannes Bobrowski: Schattenland Ströme, dtv 1966)

»Ich wünsche, daß ich dich niemals sagen höre, du hättest etwas vergessen, oder, wie die meisten Toren tun, dich über ein untreues Gedächtnis beklagen.
Merke nicht nur auf das, was die Leute sagen, sondern auch darauf, wie sie es sagen. Wenn du einigen Scharfsinn hast, wirst du mehr Wahrheit durch die Augen entdekken als durch die Ohren. Die Leute können sagen, was sie wollen, können sich aber nicht genau eine Miene nach ihrem Willen geben; und ihre Blicke entdecken oft das, was sie mit ihren Worten verbergen wollen.«
(Chesterfield: Briefe an seinen Sohn 1746, in: Das treffende Zitat, Ott-Verlag, München)

»Ein eigentliches Schuldgefühl mit klaren moralischen Inhalten und den Voraussetzungen der Freiheit und Verantwortung kann nicht mehr aufkommen, weil die Menschen aufgehört haben, sich als Person zu behaupten. Ihr Inneres hat sich in ein ängstigendes Vakuum verwandelt, vor dem sie in eben das Herdendasein flüchten, das dieses Vakuum erzeugt hat. Geblieben ist das dumpfe Gefühl der Angst, der Unbehaglichkeit, ja des Selbsthasses, verbunden mit einer aussichtslosen Ohnmacht und Unterlegenheit angesichts des kollektiven Apparates. Die Schuldgefühle sind ebenso anonym wie die Existenz selber ...«
(Eugen Drewermann, Psychoanalyse und Moraltheologie, Bd. 1: Angst und Schuld, Matthias-Grünewald-Verlag, Mainz, 11. Aufl. 1992, S. 140)

»Sie wird gebraucht, unsere Schuld. Sie rechtfertigt viel im Leben anderer.«
(Max Frisch, Montauk, S. 54, Suhrkamp-Verlag, Frankfurt)

Ewigkeitssonntag

Annäherungen an den Predigttext
2. Petrus 3, (3–7) 8–13

Wolfgang Roth

Gruppe: Schwestern von ökumenischen Sozialstationen der Evangelischen Kirche der Pfalz und der Diözese Speyer.
In einer Supervisionsgruppe von Schwestern verschiedener ökumenischer Sozialstationen versuchen wir uns dem Text anzunähern. Dies gelingt uns nur mühsam. Das erste Lesen des Textes, selbst in einer neueren Übersetzung (Ulrich Wilckens), hinterläßt zunächst nur Ratlosigkeit und Abwehr. Ganz fremd bis zum Schluß bleiben die Verse 3–7. Aber auch die folgenden Verse lösen »Beklemmung« aus, werden als »Angstmache« und »moralischer Zeigefinger« empfunden. »Nicht viel anfangen« könne man mit den apokalyptischen Aussagen des Textes.
Wo bleibe ich als Hörer?
- »muß jeden Tag mein Leben gestalten«;
- »warte auf ein hoffnungvolles Wort«;
- »merke nicht viel von froher Botschaft«.

Unser Befremden hat uns den Text fremd werden lassen. Wir müssen ihn noch einmal hören.
Fragen kommen auf:
- Was hat das zu bedeuten: 1 Tag = 1000 Jahre. Dies zumindest hat man zuvor schon irgendwann und irgendwo einmal gehört. Man möchte die Gleichung gern verstehen können und erwartet Informationen dazu in der Predigt.

Eine Teilnehmerin hat eine Deutung für sich gefunden: »Ein Tag *intensiv* gelebt ist soviel wie 1000 Jahre«!
- Erwartet werden von der Predigt Informationen über apokalyptisches Denken.

Unsere Gruppe ist an den beiden Tagen, die wir zusammen arbeiten, stark geprägt durch die Trauer einer jungen Kollegin. Ihr Mann starb vor wenigen Monaten an einer Erkrankung, die wahrscheinlich durch seine Arbeit in der chemischen Industrie verursacht war.
Der Text konnte sie nicht trösten. Im Gegenteil: Bitter blieb sie an der verheißenen »Gerechtigkeit« am Ende hängen. Dies Stichwort rollte ihre schreckliche Geschichte wieder auf. Der neue Himmel, die neue Erde sind kein Trost, wo so die alten Wunden schmerzen.

Bald stand die ganze Gruppe mehr auf der Seite der Frau als auf der Seite des Textes: »Ich kann das ewig Positive der Kirche nicht mehr hören!« »*Wo* ist der *liebe* Gott?«
Wir brauchten eine Weile, bis der Text selbst uns aus unserem depressiven Sog herausholte. Die ambivalenten Aussagen des Textes spiegelten sich nach und nach in den zwei Hälften, in denen die Gruppe sich fand:

- »Wir Lieben«	- die gottlosen Menschen,
- »Nicht verborgen bleiben«	- Geheimnis der Apokalyptik
- Verheißung	- Verzögerung
- 1 Tag	- 1000 Jahre
- Geduld Gottes mit uns	- Begierde der Gottlosen, unser Lebenswandel
- »nicht verloren gehen«	- Zergehen von Himmel und Erde
- Unerwartetes Kommen des Tages Gottes	- Tag des Gerichtes und der Verdammnis
- frommes Wesen und heiliger Wandel	- Begierde der Gottlosen
- Gerechtigkeit	- Ungerechtigkeit
- Warten	- die Hoffnung und Geduld verlieren

Wir spüren, wie schwer es uns fällt, diese vielgestaltige Ambivalenz auszuhalten. Die des Textes und die in uns selbst. Die Ambivalenz unseres Gottesbildes und die unserer Lebenserfahrungen.
Einhelligen, lauten Protest löst Vers 11 aus (fromes Wesen und heiliger Wandel): Die meisten unserer Gruppe hören darin »Vorschrift« und »Zwang«, von dem man sich mühsam befreit habe. Man sei auch in der Gottesbeziehung »erwachsen geworden« und wolle sich nicht mehr derart gängeln lassen. Zu steil, zu »unwahrscheinlich groß« erscheint die ethische Forderung.
Auf die letzte Frage: Was sagt der Text denn nun Ihnen persönlich? - Erst schweigen. - Dann: »Alles hat seine Zeit.« »Nach persönlichem Weltuntergang neu beginnen können können.« »Chaos darf sein«. »Niemand soll umkommen«. »Statt ›Buße‹, ›Umkehr‹ lieber ›Einkehr‹ sagen!«

Zum Gottesdienst

Barbara Heller

Exegetisch-homiletische Skizze

Auch wenn im Sinne theologischer »Richtigkeit« vom Ewigkeits-Sonntag gesprochen wird, bleibt es volkskirchliche Realität, daß dieser letzte Sonntag im Kirchenjahr vom Gedenken der Toten bestimmt ist. Dieser Kasus der kollektiven Trauer bildet den Kontext für Gottesdienst und Predigt. Auf ihn muß die Predigt über eschatologische Fragen m. E. bezogen sein und einen eher seelsorgerlichen Charakter haben. Keine leichte Aufgabe angesichts des vorgeschlagenen Predigttextes aus dem 2. Petrusbrief.
Auf dessen eigene Problematik weist Ernst Käsemann hin, wenn er den 2. Petrusbrief die »fragwürdigste Schrift des Kanons« (E. Käsemann, Eine Apologie der urchristlichen Eschatologie, in: Exegetische Versuche und Besinnungen, Bd. 1, 1960, S. 135) nennt.
Gerade der in sich widersprüchliche Text, der dann als ganzer so vehementen theologischen Widerspruch hervorruft, stellt aber vielleicht eine interessante Herausforderung dar. Wenn hier zu einer Kirche gesprochen wird, die sich selbst in der Krise weiß, läßt sich u. U. eine Parallele ziehen zu einer hörenden Gemeinde, die sich in unterschiedlichem Maße mit der Krise konfrontiert sieht, die ein Todesfall auslöst.
»Außerdem zwingt gerade ein so epigonales Schreiben, das in seinem nachapostolischen »Sitz im Leben« der heutigen Situation näher steht als die apostolische Zeit, zur Reflexion der eigenen Möglichkeiten.« (W. Schrage, Die Katholischen Briefe, NTD 10, 1974, S. 123)
So abseitig erscheint es dann nicht mehr, wenn der Autor Argumente, Trost- und Erklärungsversuche zusammenstellt, die aus verschiedenen Zusammenhängen stammen und nicht unbedingt ein schlüssiges Ganzes ergeben. Und wenn der Versuch der Apologie schließlich die Aporie bekundet (E. Käsemann a. a. O.) entspricht dies durchaus heutigen Situationen, wenn letzte Fragen gestellt werden und offen bleiben. Was letztlich hilft, eine Krise zu überwinden, läßt sich oft erst im Rückblick sagen.
Hilfreich für die Auseinandersetzung mit eschatologischen Texten wie diesem finde ich den von Luise Schottroff herausgearbeiteten Aspekt der Zeitvorstellungen, die ihnen zugrunde liegen (L. Schottroff, Lydias ungeduldige Schwestern, 1994, darin: Zur Eschatologie des frühen Christentums, S. 228 ff.). 2. Petrus 3 greift Umschreibungen auf, die wir schon bei den Synoptikern finden. Die Gegenwart wird verglichen mit der Zeit vor der Sintflut, als die Menschen sich in Sicherheit wähnten und die Katastrophe doch bevorstand (2. Petrus 3,5–7 vgl. Matthäus 24,37–39). 2. Petrus 3,9 qualifiziert die Gegenwart als von Gott gegebene Zeit zur

Umkehr und wäre zu vergleichen mit dem Gleichnis vom Feigenbaum in Lukas 13,6–9, der noch ein Jahr Frist bekommt, um Früchte zu tragen. Die Vorstellung vom Tag des Herrn, der kommt wie ein Dieb (2. Petrus 3,10), entspricht dem synoptischen Aufruf zur Wachsamkeit (Matthäus 24,43 u. a.) und die Beschreibung der endzeitlichen Katastrophen findet ebenfalls hier ihre Entsprechung.
Luise Schottroff sieht in diesen Texten eine »Zeitansage für die Gegenwart« (a. a. O., S. 235), die bei den einen Hoffnung wecken, die anderen aufrütteln und zur Umkehr rufen soll. Einem »blinden Weitermachen« soll gewehrt werden. Die Aufmerksamkeit wird gerade nicht auf eine ferne, bessere Zukunft gelenkt, sondern auf die als Zeit der Entscheidung und möglichen Veränderung qualifizierte Gegenwart.

Vorschläge zur Liturgie

Psalm 126

Aufforderung zu Bittruf und Lobpreis
Wir denken zurück.
Trauernd, noch immer trauernd,
hilflos, oft auch bitter
denken wir an die Menschen, die wir verloren haben.
In unserer Trauer brauchen wir Hoffnung.
Wir bitten Gott um Erbarmen:

Wir denken voraus.
Hoffend, immer wieder hoffend
trotz aller Fragen und Zweifel
denken wir an die großen Verheißungen:
»Die Erlösten des Herrn werden wiederkommen
und nach Zion kommen mit Jauchzen,
ewige Freude wird über ihrem Haupte sein.«
Mit allen, die uns im Glauben vorausgegangen sind, loben wir Gott:
(Agende I: Die Sonn- und Feiertage. EKKW 1985)

Eingangsgebet
Barmherziger Gott,
auf dem Weg in den Tod
hast du uns Hoffnung gegeben.
Hilf uns, einander zu trösten,
wenn die Angst nach uns greift.
Dein Wort geleite uns
duch alle Gefahren und Schrecken des Lebens,

bis du aller Not ein Ende machst
und uns schauen läßt, was wir glauben.
Wir bitten dich durch Jesus, deinen Sohn,
den du auferweckt hast von den Toten
und der bei dir lebt in Ewigkeit.
(nach Agende I, EKKW 1985)

Fürbittengebet
Wir sehnen uns nach Leben, gerade, wenn Tod und Trauer uns drücken.
Zu dir wenden wir uns, Gott.
Wieviel Traurigkeit ist da, wenn wir an unsere Verstorbenen denken, viele Tränen, viele zerstörte Hoffnungen.
Fragen, die keiner beantworten kann, und Leid, das die Kräfte lähmt. Und daneben Dankbarkeit für gemeinsam Erlebtes, für empfangene Liebe und für glückliche Tage.
Manchmal auch Erleichterung nach überstandenen Qualen.

Komm, Geist des Lebens, guter Gott, tröste die Trauernden,
stärke alle, die wieder Fuß fassen wollen im Leben.

Mitten im Leben schon spüren wir den Tod:
wenn wir enttäuscht aneinander vorbeileben,
wenn wir verletzt sind und Versöhnung nicht gelingt,
wenn Lieblosigkeit, Haß oder Vergeltung uns beherrschen.

Komm, Christus, Herr des Lebens, guter Gott,
laß uns auferstehen zur Liebe, die den anderen sucht,
und gib Mut zur Versöhnung.

Unsere Welt erstirbt an Feindschaft, an Gedankenlosigkeit,
daran, daß Menschen in hilfloser Angst einander bedrohen,
daß Feindseligkeiten sich vererben von einer Generation zur anderen,
daß Völker sich als Feinde begegnen.

Komm, Schöpfer des Lebens, guter Gott,
schaffe die guten Kräfte neu, die von Menschen zerstört sind,
damit wir in Frieden miteinander leben.

Gott Vater, Sohn und Heiliger Geist,
trockne du die Tränen und beende das Leid,
das wir Menschen einander zufügen.
Schaffe neu das Gesicht deiner Erde.

Lieder
Wachet auf, EG 147,1-3
Was Gott tut, das ist wohlgetan, EG 372,1.2.6
Befiehl du deine Wege, EG 361,1.6-8

Vorschläge zur Predigt

Möglicher Predigtanfang
Die Trauerfeier ist vorbei. Alle Gäste gegangen. Die Briefe sind gelesen, zum Teil beantwortet. Rechnungen sind bezahlt, Behördengänge erledigt. Die Aufregung ist vorüber, das Neue, das der Tod auch mit sich gebracht hat. Alltag kehrt wieder ein, jedenfalls für die anderen. Schon möchten sie auf die Frage »Wie geht's?« wieder hören: »Danke, ganz gut.«
Doch es geht nicht gut. Der Alltag ist anders geworden, nicht mehr wie früher. Eine einfache Rückkehr ist nicht möglich.
So wie die Trauernden oft an der schwarzen Kleidung festhalten und nicht schnell wieder ihre alten, farbenfrohen Kleider tragen mögen. Als ob die zu einem anderen Leben, einer anderen Zeit gehören und jetzt nicht mehr passen. Nicht mehr oder noch nicht wieder.
Auf dem Friedhof treffen sie sich, denen es ähnlich geht in dieser Zeit. Sie bringen Blumen, räumen auf, bepflanzen die Gräber. Sie sehen nach dem Rechten und stehen dort, wo der Trauerzug endete. Sie grüßen einander, kommen ins Gespräch, erzählen die Geschichte ihres Leides. Sie berichten, wie sie nun leben, wie ihr neuer Alltag aussieht, ob sie sich zurechtfinden oder wo sie es nicht tun.
Ich stelle mir vor, daß sie nach Erklärungen suchen für das, was passiert ist. Und dafür, wie es ihnen nun geht. Es ist wichtig, zu verstehen, sich einen Reim auf das zu machen, was geschehen ist. Es ist wichtig, sich anderen verständlich zu machen. Verständnis dafür zu finden, wie es um einen steht. Fragen wechseln sich ab mit Antwortversuchen.
Solche Fragen bilden den Hintergrund der folgenden Verse aus dem 2. Petrusbrief. Hier werden Antworten versucht, wie Trauer zu ertragen ist, die die Gegenwart bestimmt und die Zukunft überschattet. Wie sich eine persönliche oder eine allgemeine Krise verstehen läßt - auch im Blick auf Gott.
Textlesung

Zum weiteren Verlauf
Wie verhält sich Gott zu dem, was gerade mit mir, mit uns geschieht? Die eigene Welt gerät ins Wanken, sei es plötzlich oder ganz allmählich. Und es wird fraglich, wo Gott ist oder wie. Mit uns oder fern von uns? Barmherzig, wohlwollend oder völlig gleichgültig angesichts menschlicher Verzweiflung oder Ratlosigkeit? Sollte Gott nicht eingreifen, kommen, dem Leiden ein Ende machen, ein für allemal?
So könnten die Fragen klingen heute und so könnten sie geklungen haben damals. Und dann müht man sich, einzeln oder gemeinsam um Antworten, die erklären oder trösten können. Die die scheinbare Abwesenheit Gottes erträglich machen. Gott wird schon etwas tun - uns zur Hilfe und allem, was uns quält zum Trotz. Auch wenn es gar nicht danach aussieht. Täuscht euch nicht.

Vor der Sintflut dachten auch alle, es würde ewig so weitergehen. Und dann handelte Gott doch und alle die, die vorher meinten, sie bräuchten nichts zu fürchten und keiner wäre vor ihnen sicher, die hatten das Nachsehen. Täuscht euch nicht: Gott wird handeln! (Verse 5-7).
Mag uns die Erinnerung an die Sintflut eher schrecken, auch angesichts der furchtbaren Überschwemmungen der letzten Jahre. Für frühere Generationen war die Sintflut ein Zeichen dafür, daß Gott eingreift und die Welt nicht sich selbst überläßt.
Oder der nächste Gedanke: 1000 Jahre sind vor Gott wie ein Tag. Gott ist nicht unzuverlässig oder etwa »zu spät« mit seiner Hilfe (vgl. EG 361,9). Auch wenn wir es noch nicht sehen, noch ganz elend sind, wird Gott sicher schon das Beste für uns im Sinn haben. Wir wissen es nur noch nicht.
Rührend klingt das, sehr bemüht. Der Wille ist spürbar, daran festzuhalten, daß Gott es gut meint. Daß es nur an der Begrenztheit menschlicher Erkenntnis liegt, wenn Gott anders oder abwesend erscheint. Vielleicht hat Gott Gründe? Gründe, zu schweigen, Gründe, uns uns selbst zu überlassen. Bedenkzeit, Zeit der Besinnung, Zeit der persönlichen Umkehr, Entscheidung, Hinwendung zu Neuem. »Der Herr hat Geduld mit euch« (V. 9).
Wieder wird betont, daß hinter all dem Zweifeln, dem Leiden, dem Nichtverstehen doch etwas Gutes stecken muß, es zumindest ein gutes Ende geben wird.
Weder damals noch heute werden sich alle Trauernden, alle Niedergedrückten und Belasteten dieser Überzeugung anschließen können. Und doch mag es gut tun, wenn jemand unbeirrt an diesem Vertrauen festhält, wider den Augenschein oder auch einmal stellvertretend für die, die es nicht können.
In diesen Zusammenhang gehört auch der Hinweis auf den Tag des Herrn, der plötzlich kommt wie der Dieb in der Nacht. Hier läßt sich erkennen, daß dieser »jüngste Tag« Mahnung und Hoffnugszeichen gleichzeitig sein kann. Mahnung für die, die darauf vertrauen, daß niemand ihrem rücksichtslosen Treiben jemals Einhalt gebieten wird. Hoffnung für die, die gerade darunter oder unter einem anderen schweren Schicksal leiden.
Der Tag des Herrn kommt, das heißt: Abrechnung, aber auch Befreiung und Erlösung. Die Plötzlichkeit wird betont - zum Trost für die Leidtragenden: Auch wenn ihr noch keine Erleichterung spürt, - sie kommt. Damit werden sie eingeladen, sich schon jetzt darauf einzustellen. Ein neuer Himmel und eine neue Erde werden erwartet. Die Wartenden geben dem Neuen schon in ihrer Gegenwart Raum. Mit dieser Erwartung, dieser Hoffnung, läßt es sich leichter leben. Mit der Hoffnung, daß Leiden und Ungerechtigkeit ein Ende haben werden.

Möglicher Schluß
In diesen Tagen gedenken wir der Toten, pflegen die Erinnerung. Schmerzen und Trauer werden spürbar und auch Vergangenes, das zur Dankbar-

keit Anlaß gibt. Und es mag hilfreich sein, sich an die Versuche früherer Christen zu erinnern, in ihrem Glauben Hilfe und Unterstützung zu finden. Sie haben Schweres erlebt und es überwunden.
Neben diese Erinnerung kann dann auch die eigene Erfahrung treten. Vielleicht denken Sie einmal ganz bewußt an längst vergangene Situationen in Ihrem Leben, die schwer gewesen sind.
Da gab es Auslöser für die Schwierigkeiten, Belastungen.
Wie haben Sie die folgende Zeit dann erlebt und empfunden?
Und dann haben Sie die Krise überwunden, schneller oder langsamer. Was hat Ihnen geholfen? Wie sind Sie weitergekommen?
Sicher haben solche Vergleiche ihre Grenzen. Tod und Trauer haben ihr eigenes Gewicht. Sie verändern das Leben bleibend. So wie die Haut Narben bildet, wenn sie empfindlich verletzt wurde.
Und dennoch kann es helfen, an fremde und auch an eigene Erfahrungen anzuknüpfen, um Hoffnung zu schöpfen.
»Wir warten aber auf einen neuen Himmel und eine neue Erde nach seiner Verheißung, in denen Gerechtigkeit wohnt.«

Kontexte

Sei getreu, alle Pein wird doch nur ein Kleines sein.
Nach dem Regen blüht der Segen, alles Wetter geht vorbei.
Sei getreu, sei getreu!
(Arie mit Choral, BWV 12 Weinen, Klagen, Sorgen, Zagen)

Die Ewigkeit, die der Mensch sucht, ist nicht die Unendlichkeit der Dauer, dieses vergeblichen Hinter-sich-her-Rennens, für das ich selbst verantwortlich bin: Sie ist die Ruhe an sich, die Zeitlosigkeit der absoluten Koinzidenz mit sich.
(Jean-Paul Sartre)

Es ginge also um die Balance von Gegenwartsaussagen und Zukunftsaussagen über Wirklichkeit und Wirksamkeit des ewigen Lebens, um ein labiles Gleichgewicht, das nach der neutestamentlichen Botschaft von einbrechender Nähe des Reiches Gottes jedenfalls nicht rein ins Futur, in Ewigkeitstrost und Ewigkeitshoffnung oder gar Ewigkeitsschrecken aufgelöst werden kann. In neutestamtentlichen Zeiten scheint eine Auflösung in die Gegenrichtung sogar viel akuter gewesen und angemessener erschienen zu sein.
(Gerhard Marcel Martin, »... und das ewige Leben«, in: Vogelfrei)

Außerdem eignet sich hier die Ballade von der Seeräuber-Jenny aus der »Dreigroschenoper« von Bertolt Brecht (Suhrkamp-Verlag, Frankfurt.)

Gedenktag der Entschlafenen

Annäherungen an den Predigttext
Hebräer 4,9–11

Anselm Friederich

Studentischer Gesprächskreis mit drei Frauen und drei Männern.
Erste Reaktion der Gruppe auf die Ankündigung des Predigttextes: »Was? Hebräerbrief? Dieser schwierige, abgehobene Text. Daraus hätten *wir* nichts rausgesucht ...«; – also eher Reserviertheit und Skepsis.
Nach Verlesen des Textes jedoch ist die Stimmung wie verwandelt, die Atmosphäre im Raum ruhig, gesammelt und irgendwie freundlich-heiter.
»Schön, so ein beruhigender Text«, eröffnet eine Studentin das Gespräch, »nur am Schluß finde ich ihn schwierig. Worauf bezieht sich das ›durch den gleichen Ungehorsam‹? Geht's da um das Einhalten der Ruhe?«
»Ja, der Ungehorsam, das könnte doch ganz schlicht sein, daß Leute den Sonntag ausfallen lassen«, vermutet einer. Er ist sich aber nicht sicher. Keiner in der Runde ist sich sicher, wie das mit dem »Ungehorsam« gemeint sei. Sie empfinden's als offene Frage, ein wenig irritierend, aber nicht zu sehr, denn der Grund-Klang des Textes gefällt ihnen zu gut.
»Eine gute Message für Workoholics« meint eine Studentin grinsend, »besonders gut in unserem Zeitalter. Viele, die ich kenne, haben keine Ruhe mehr. Uns fehlt das kontemplative Element. Jeder ist beschäftigt, dauernd weiterzurasen, anstatt sich in Ruhe seine eigenen Werke zu betrachten.«
»Mir ging's beim Hören anders«, wirft eine weitere Studentin ein. »Ich habe da an den Tod gedacht. An das Requiem von Brahms. Ja: Wer tot ist, ruht aus. Aber ich frage mich: Gibt es die Ruhe erst am Ende des Weges, oder gibt es Ruhe schon jetzt und hier?«
»Und ich frage mich, was heißt: Gott ruht«, fügt eine andere an. »Geht es da nur um den Schlußtag der Schöpfung? Aber was könnte das für uns – symbolisch vielleicht – bedeuten, daß Gott Ruhepausen macht? Ist die Vorstellung nicht irgendwo auch beängstigend? Wenn Er Ruhepause macht, – ist Er dann abwesend, überläßt uns dann uns selber?«
Das ist einem in der Runde zu menschlich von Gott geredet. So direkt dürfe man's nicht nehmen, Gott braucht nicht Ruhepausen wie wir.
Aber ›Ruhen‹ heißt auch nicht ›Verschlafen‹«, wirft eine Studentin ein. »Ruhe bedeutet: etwas richtig ausschöpfen. Also genau das, was wir viel zu wenig tun.«

»Gott aber«, spinnt eine andere den Gedanken weiter, »Gott nimmt sich die Ruhe, - wozu?« »Zum Genießen«, antwortet einer. Und obwohl das nun nochmal sehr menschlich ist: Niemand protestiert!
Doch die Studentin, die »Ruhen« von »Verschlafen« unterschieden wissen wollte, möchte noch einen weiteren Unterschied betonen: »Ruhen ist auch nicht: Nichts-Schaffen. Jesus hat am Sabbat, dem Ruhe-Tag, geheilt.«
»Und unsere Freizeit dagegen entwickelt sich leicht zum Streß.« -
Noch eine andere Frage zum Text taucht auf:
»Wer oder was ist ›das Volk Gottes‹? Israel? Nur Israel? Oder (auch) alle, die von Christus wissen?«
»Merkwürdig: Bei ›Volk‹ denke ich an Massen und an Hektik. Volksansammlungen sind nur ganz selten ruhig. Hier aber wird dem Volk Ruhe versprochen.«
»Vielleicht hängen Hektik und Ruhelosigkeit mit dem Zu-Fall-Kommen zusammen? Davor wird gewarnt, wobei sich das Problem erhebt, daß man ja Ruhe nicht anordnen kann.«
»Darum finde ich es einfach schön, wie dieser Text nicht mit Forderungen beginnt, sondern mit einer Zusage.«
So schließt sich der Kreis des Gesprächs.
Wie wohl Menschen aus einer anderen Gesellschaft als unserer diesen schönen Text hören? Leute in Rumänien z B.? Dort gibt es unter den Arbeitern ein Sprichwort. Wenn man morgens in die Fabrik kommt, setzt man sich erstmal zusammen hin, raucht, plaudert und sagt: »Începem cū pauză« - »Laßt uns anfangen mit einer Pause.«

Zum Gottesdienst

Helmut Marschall

Exegetisch-homiletische Skizze

Vorentscheidungen: Die Gottesdienstgemeinde
Mein erster Gedanke: Ein vergleichsweise ungewohnter, fremd klingender Bibeltext trifft auf eine vergleichsweise fremde, im Gottesdienst eher nicht beheimatete Hörerschaft. Es ist damit zu rechnen, daß außer den treuen Gottesdienstbesuchern diejenigen gekommen sind, die sich durch eine besondere Einladung im Gemeindebrief oder per Post angesprochen fühlen, in einem Gottesdienst der verstorbenen Angehörigen zu gedenken und vielleicht den Gottesdienstbesuch mit einem Besuch am Grab verbinden. Sehr unterschiedlich ist die zeitliche Distanz für die einzelnen, die sich an den Todestag eines Angehörigen/einer Angehörigen erinnern. Neben den-

jenigen, die diesen Gottesdienst besuchen, um aller in der Vergangenheit verstorbenen Angehörigen zu gedenken, sitzen diejenigen, bei denen die Erinnerung an den Tod ein Jahr alt oder noch ganz frisch ist. Und im Dorf ist auch damit zu rechnen, daß Angehörige kommen, weil die Nachbarn eventuell darauf achten.
So ist es nicht zwingend die Trauer, die die Gottesdienstbesucher zu einer homogenen Gruppe macht. Ich gehe vielmehr davon aus, daß diejenigen, die in den Gottesdienst gekommen sind, sich eher durch andere Gedanken miteinander verbinden und ansprechen lassen: Durch die Hoffnung auf Aussagen über das Sterben, den Tod und die Ewigkeit aus christlicher Sicht, durch die Hoffnung auf tröstende und helfende Gedanken im Gedenken an einen verstorbenen Menschen und natürlich im Blick auf die dabei erlebte Sterblichkeit menschlichen Lebens, die ja auch an die eigene Sterblichkeit erinnert.

Die Aussagen des Textes
Der Text eröffnet über drei zentrale Begriffe die Möglichkeit der Auseinandersetzung mit dieser Thematik: »Volk Gottes«, »(Un)gehorsam« und »Gottes Ruhe«.
Der Beginn »Volk Gottes« gibt allen Anwesenden die Möglichkeit, sich im Gottesdienst als Teil einer großen Gemeinschaft wiederzufinden. Das Volk Gottes ist im Hebräerbrief die Kirche Jesu Christi, die im Glauben an den Sohn Gottes in der Welt auf einer Wanderschaft ist. Diesem Volk Gottes gelten die Vergebung der Sünden durch das Blut Christi sowie der Zuspruch vom ewigen Beistand Gottes als Gemeinde auf dem Weg durch die Welt.
Der Zuspruch ist aber immer mit einem Anspruch verbunden, der den Hebräerbrief wie ein roter Faden durchzieht.
Es ist dies die Mahnung, nicht müde zu werden im Glauben und Gehorsam gegenüber Gottes Geboten. »Laß uns festhalten am Bekenntnis der Hoffnung und nicht wanken, denn er ist treu, der sie verheißen hat« (Hebräer 10,23). Aus dem Bekenntnis wächst die Hoffnung und die Kraft für das »Volk Gottes«, wenn es auf seiner Wanderschaft ermüdet oder zu zweifeln beginnt und abfallen will.
Die Mahnungen zum gehorsamen Festhalten am Heilsglauben und an der Gemeinschaft, in der das Volk Gottes Kraft findet, klingen jedoch im ganzen Brief niemals befehlend, sondern tragen stets seelsorgerliche, gut gemeint freundliche Züge.
Was geschehen kann, wenn das wandernde Gottesvolk »ungehorsam« wird, entwickelt der Hebräerbrief im Rückblick auf eine Episode in der Geschichte Israels (4. Mose 14), in der das Volk Israel Jahwe die Treue aufkündigt. Jahwe verweigert daraufhin die Erfüllung seiner Zusage: Das Volk darf nicht in das verheißende Land einwandern, darf nicht »in Gottes Ruhe«, in die Seßhaftigkeit eingehen (4. Mose 14,26 ff.).

Mit »Gottes Ruhe« tritt der Begriff in den Mittelpunkt, der vermutlich im Hörer die Assoziation zur »ewigen Ruhe«, zur Totenruhe weckt und den Grundgedanken des Gottesdienstes am stärksten aufnimmt.
Zunächst einmal ist aber an den Sabattag, den Tag der Ruhe in 1. Mose 2 zu denken. Die Ruhe ist ein Teil des Schöpfungshandelns Gottes, sie ist ein »Zeichen seiner göttlichen Existenz, Zustand und Ereignis zugleich ... eschatologische Heilsgabe, Umschreibung für die Himmelherrschaft. Die eschatologische Größe ›Ruhe‹ steht immer wieder vor der Tür, wird immer wieder im Wort angeboten und will nun zur Vollendung kommen« (Michel, O.: Der Brief an die Hebräer, Göttingen 1957, 10. Aufl., S. 103 f.).
Es liegt am treuen Willen des Volkes Gottes, diese Ruhe nicht zu verfehlen. Im Hören auf Gottes Wort, im Gehorsam gegenüber seinen Ansprüchen (Geboten) und in der Treue im Glauben kann der Mensch dieses Ziel erreichen.
Im Hebräerbrief wird das Volk Gottes seelsorgerlich ermahnt, die alttestamentliche Verheißung der »Ruhe Gottes«, die seinerzeit nicht erreicht wurde, im Glauben an Christus aufzunehmen und voller Hoffnung zu ergreifen.
Sie ist das ewige Ziel für die Gemeindeglieder auf der lebenslangen Wanderschaft in der Welt.
Daher sollte die Predigt, gleich welchen Weg sie beschreitet, bei der »Ruhe Gottes« enden, in die die Menschen eingehen und in der sie in Ewigkeit geborgen sind. In der »Ruhe Gottes« wird deutlich: Gott ist der Gott der Lebenden und der Toten, seine Liebe gilt allen gleich, jetzt und in Ewigkeit. Kein Mensch ist jemals bei Gott verloren.

Folgerungen für die Predigt
Die »Annäherungen an den Predigttext« ermuntern mich zu zwei möglichen Predigtansätzen und Predigtschwerpunkten.
Der erste stellt das »Volk Gottes« in den Mittelpunkt und geht vom historischen Hintergrund aus. Die verwandtschaftliche Verbundenheit zwischen dem »Volk Gottes« und der Gemeinde der Gegenwart und das daraus resultierende Handeln in einer Gemeinde kann das Zeil dieses Ansatzes sein.
Der zweite Predigtansatz, dem ich folgen möchte, geht vom Begriff der »Ruhe Gottes« aus und stellt ihn in den Mittelpunkt.
Hier möchte ich von den Hörern und ihren Erfahrungen mit dem Tod ausgehen, die ja auch meine eigenen Erfahrungen sind. Die Stunden des Sterbens, der Moment des Todes, auch die Sekunde des Schreckens der Todesnachricht: Was spricht dagegen, an diese Stunden zurückzudenken? Bergen sie doch innere und äußere Unruhe angesichts des Sterbens auf der einen Seite und die Stille, die Ruhe des Todes auf der anderen Seite.
Denkbar ist es, hier die Gedanken einzubringen, die in der »Annäherung an den Predigttext« einen so großen Raum einnehmen: Wo kommen wir Menschen eigentlich noch zur Ruhe inmitten unseres geschäftigen All-

tags? Der Tod jedenfalls unterbricht brutal jede Geschäftigkeit. Spätestens beim Trauerbesuch werden wir Prediger/Predigerinnen oftmals damit konfrontiert, daß diese Ruhe dröhnend über die Angehörigen hineinbricht.
Der Gottesdienst bietet eine Gelegenheit, »in Ruhe« vor Gott über jene Momente zu sprechen und den Gedanken, die man in ihnen hatte, noch einmal nachzusinnen.
Und er bietet die Gelegenheit, eine Einladung auszusprechen: Die Einladung, bereit zu sein, den Glauben an die »Ruhe Gotts« anzunehmen. Sie kann mit der Mahnung verbunden werden, auch im Zweifel an Gottes ständiger Begleitung im Leben im Glauben treu zu bleiben.
Daß Zweifel und Fragen angesichts von Erfahrungen mit dem Tod nicht als »Ungehorsam« gebrandmarkt werden dürfen, verbietet sich von selbst angesichts der seelsorgerlichen Haltung in den Mahnungen des Hebräerbriefes. Vielmehr gilt es, angesichts der Fragen, die der Tod aufwerfen kann, Trost und Hoffnung zuzusprechen, um den Gottesdienstbesuchern und auch sich selbst Mut zu machen, den Glauben an eine ewige Ruhe für alle Menschen bei Gott nicht fallenzulassen.

Vorschläge zur Liturgie

Wie oben angemerkt, haben wir es in diesem Gottesdienst in der Mehrzahl mit Gottesdienstbesuchern zu tun, die mit dem sonntäglichen Gottesdienstverlauf eher nicht vertraut sind. Gerade diese Gruppe erwartet erfahrungsgemäß einen Gottesdienst, in dem möglichst viel ihr Bekanntes und in der Erinnerung Erhaltenes wiederzuerkennen ist. Daher empfiehlt sich ein *durchsichtiger Ablauf* ohne Experimente mit vielen bekannten Elementen.

In Ergänzung zum gesungenen und gesprochenen Wort habe ich in einer Kirchengemeinde eine schöne Geste gesehen: Dort brannte für jedes verstorbene Gemeindeglied des vergangenen Jahres eine *Kerze* in der Kirche. Man kann darüber nachdenken, ob man in einem Gottesdienst, in dem die Botschaft vom ewigen Leben im Mittelpunkt steht, nicht an einer diesen Kerzen gegenüberliegenden Stelle auch je eine Kerze für jedes im vergangene Kirchenjahr getaufte Gemeindeglied brennen läßt.

Im *Eingangsteil* des Gottesdienstes können die Namen (auch Alter, Wohnung, Todestag?) der Verstorbenen verlesen werden.
Vorschlag: Eingangsteil wie gewohnt bis zum Kollektengebet. Anstatt mit dem Gebet einzusetzen, folgender Text:
»Der Herr behüte unseren Ausgang und Eingang von nun an bis in Ewigkeit. Amen.

Wir gedenken in diesem Gottesdienst der verstorbenen Gemeindeglieder. Wir gedenken besonders derjenigen Gemeindeglieder, die wir im Verlauf der vergangenen Jahres in der Hoffnung auf die Auferstehung zu Grabe getragen haben. (Für jedes im vergangenen Jahr verstorbene Gemeindeglied haben wir eine Kerze angezündet, als ein leuchtendes Symbol für die Nähe Gottes auch im Tode, im Gedenken an die Verstorbenen. Die anderen Kerzen brennen für jedes in derselben Zeit getaufte Gemeindeglied. Sie erinnern uns an Gottes Nähe in unserem Leben, an das Licht der Welt, das durch Christus zu uns gekommen ist).
Es verstarben im vergangenen Jahr: (Verlesen der Namen).
Laßt uns beten.
Guter Gott, du bist der Herr über Leben und Tod. Wir stehen vor dir mit unserer Trauer, unseren Fragen, unseren Zweifeln und unseren Hoffnungen. Du rufst uns in unser Dasein, aber du setzt unserem Leben auch seine Grenzen. Wir beugen uns deinem allmächtigen Willen auch dann, wenn liebe Menschen aus unserer Mitte herausgenommen werden. Vor dir wollen wir nun still werden und all der Menschen gedenken, die von uns gegangen sind.«
(Stilles Gebet).
»Guter Gott, durch deinen Sohn Jesus Christus hast du uns gezeigt, daß der Tod nicht das Ende aller Dinge ist. Deine Treue zu uns reicht über den Tod hinaus. Darum sind wir heute hier. Laß uns mit unseren Zweifeln und Fragen nicht allein, laß uns nicht in der Trauer verharren, schenke uns Hoffnung. Nimm dich unser an, heute und in Ewigkeit. Amen.«
Fortsetzung des Gottesdienstes wie gewohnt.

Alternative: Verlesen der Namen mit Gebet, eventuell mit einer Liedstrophe nach dem Gebet im Rahmen der Abkündigungen.

Liedvorschläge
Von den Trauerfeiern her bekanntes Liedgut.
Wo möglich, sollte auch der Kantor/die Kantorin im Blick auf Vor- und Nachspiel mit der Bitte einbezogen werden, bekannte Choräle zu spielen, eventuell auch von Trauerfeiern bekannte.

Psalm
Es empfiehlt sich die Lesung eines derjenigen Psalmen, die die Gemeinde bei den Trauergottesdiensten hört.
Gut geeignet: Psalm 73,23–28, Psalm 121, Psalm 130.
Wer einen direkten Bezug zum Predigttext herstellen möchte, mag eine Auswahl aus Psalm 95 treffen. Auf mich wirkt der Psalm in seinen Schlußversen zu hoffnungslos.
Die Psalmentextreihe der Perikopenordnung empfiehlt Psalm 102 in Auswahl. Geeignet: Vers 2+3, 12+13.17–19.25c–28.

Die genannten Psalmen sind im EG abgedruckt und können daher gut mit der Gemeinde oder mit der Lektorin/dem Lektor im Wechsel gelesen werden.

Lesungen
Als Epistel liest unser/unsere Lektor/Lektorin einen der beiden Texte, die bei uns am Grabe gelesen werden:
1. Thessalonicher 4,13+14 (15–17) 18, (»Liebe Brüder« sollte durch »liebe Gemeinde« ersetzt werden) oder Offenbarung Johannes 21,1–7.
Auch beim Evangelium greifen wir auf aus den Trauergottesdiensten bekannte Texte zurück, etwa Johannes 10,11.27–30.
Wo die Lesung aus dem Alten Testament gelesen wird, bietet sich eine derjenigen Geschichten an, in denen das Volk Israel auf seiner Wanderschaft gegen Gott murrt (z. B. 2. Mose 17,1–7 oder 4. Mose 14, i. A., etc.)

Vorschlag zum *Präfamen:* »Nicht immer sind wir Menschen mit Gottes Handeln einverstanden. Manchmal sind wir auf der Suche nach Gott, weil er uns fern und verborgen erscheint. Wir hören eine Begebenheit aus der Geschichte des Volkes Israel auf seiner Wanderschaft in das gelobte Land, die uns davon erzählt, daß Gott sich auch im Gefühl scheinbarer Verlassenheit auf wunderbare Weise immer wieder zu erkennen gibt.«

Vorschlag zur Predigt

Möglicher Anfang
Es geht ja gar nicht anders, liebe Gemeinde. Heute, an diesem Sonntag, gehen unsere Gedanken unwillkürlich zurück in die Vergangenheit. Es geht gar nicht anders, weil alles, was wir heute Morgen hören, sehen und sprechen uns in unseren Gedanken zurückversetzt in jene Tage und Stunden, in denen wir dem Sterben und dem Tod eines Mitmenschen begegneten. Es geht gar nicht anders, weil dieser Morgen uns nachdrücklich daran erinnert, wie wir hier in unserer Kirche Abschied genommen haben von einer Mutter, einem Vater, einem Sohn, einer Tochter, lieben Angehörigen, lieben Freunden. Schließlich werden wir natürlich auch daran erinnert, wie wir dann um die Kirche herum diesen schweren Weg gegangen sind, der uns zum Grab führte. Zum Grab, an dem es endgültig galt, Abschied zu nehmen von dem Menschen, der bis vor wenigen Tagen noch bei uns gewesen war.
Dann sind wir vom Grab weggegangen. Die einen zum Kaffeetrinken, die anderen nach Hause. Wie auch immer. Aber ich vermute: irgendwann später in jenen Tagen galt es dann für viele unter uns, überhaupt erst voll und ganz zu verstehen, was es heißt, daß ein Mensch nicht mehr da ist. Etwa, daß eine Stimme nicht mehr zu hören ist, daß vertraute Begegnungen ein

jähes Ende gefunden hatten. Das ganze Leben hatte sich verändert. Unsere Lebensgeschichte hatte eine Veränderung erfahren, weil wir einen Menschen hergeben mußten, der nicht wiederkommen wird.
All das wird uns heute morgen in Erinnerung gerufen. All das, was in jenen Tagen, als wir dem Sterben und dem Tod begegneten, manchmal wie ein Film vor uns ablief, in dem wir eine Hauptrolle spielten - von der Todesnachricht, bis zu dem Tag, an dem wir anfingen, nachzudenken über das, was uns da widerfahren war.
Bis wir irgendwann einmal zur Ruhe kommen und daran zurückdenken können, in manchen Situationen geradezu zurückdenken müssen an all das, was wir da erlebt haben.

Zum weiteren Verlauf

a) Die Suche nach Trost endet nicht mit der Trauerfeier.
Die Gedanken, die trauernde Menschen nach einer Beerdigung bewegen, sind leicht nachzuzeichnen. Jede Predigerin, jeder Prediger, kann aus eigenem Erleben berichten, wie die Gedanken sich drehen zwischen der Erinnerung an vergangene gemeinsame Zeiten mit den Verstorbenen und den Fragen danach, ob, wo und in welcher Form der Mensch, der uns verlassen hat, in die Ewigkeit eingegangen ist.
Bei einer Trauerfeier ist es oft nicht schwer, die in der Beerdigungsagende aufgezeichneten Texte zu lesen und mit ihrer Hilfe und den Worten der Trauerpredigt Hoffnung auf das ewige Leben zu verkündigen.
Doch wieviel davon nehmen Trauernde während einer Trauerfeier davon auf? Steht nicht die ganze kirchliche Beerdigung erst nach Tagen auf dem Prüfstand, wenn wir Hinterbliebenen (gelegentlich auch die Predigerin/der Prediger) bewußt beginnen, im erinnernden Rückblick nach bleibendem, dauerhaft helfenden Trost zu suchen? Wieviel können wir wirklich glaubend, fest glaubend in uns aufnehmen von den Zusagen, die uns das Neue Testament für die Zeit nach dem irdischen Leben macht?
Gewiß, sie sind eindrücklich, die Worte der Bibel. Etwa so, wie sie in den Lesungen zu diesem Gottesdienst zu hören sind. Sie sind eine immer wieder auszusprechende Einladung zum Glauben an das ewige Leben bei Gott. Sie sind eine beständige Einladung, zu glauben, daß wir Menschen bei Gott unsere ewige Heimat haben.
Aber erreichen sie den Menschen wirklich, der um den Sohn, die Ehefrau, das Kind, also einen ganz nahen Verwandten trauert, in ihrer ganzen Tragweite und Tiefe? Vermutlich werden sie nicht als ausreichend empfunden, denn wie sonst ist es zu erklären, daß Berichte über klinisch tote und ins Leben zurückgeholte Menschen so großes Interesse hervorrufen? Steckt dahinter nicht die Hoffnung, mehr zu erfahren über die »andere Seite«? Und wird diese Hoffnung nicht enttäuscht, weil die Grenze zum Tode letztendlich doch nicht überschritten wird? Alles weitere ist Spekulation, denn die Grenze unseres Wissens bleibt!

b) Der Begriff »Ruhe Gottes« ist ein tröstender Begriff.

In der Distanz zum Trauerfall baut der Begriff von der »Ruhe Gottes«, in die wir Menschen eingehen, eine Brücke zwischen den Worten einer Trauerfeier und den davor und danach gewiß wieder auftretenden Fragen, etwa nach dem »Warum«, und nach dem »Willen Gottes«. Und natürlich auch eine Brücke zwischen dem Trauerfall und den Gedanken, die mich dabei unwillkürlich durchzucken: Wieviel Tage bleiben mir noch? Wie wird es mit mir zu Ende gehen, was wird aus mir?

Es ist eine in ihrer Schlichtheit sehr ansprechende Glaubensaussage, unser Menschenleben läuft auf eine »Ruhe bei Gott« zu.

Wer sehnt sich nicht nach ruhigen Stunden, nach angenehm stillen Momenten, die uns die Möglichkeit geben, uns »auszuruhen«, zu verschnaufen. Kein Lebewesen kann ohne Ruhe existieren, kein Lebewesen endlos aktiv sein. Lärm macht krank, Ruhe entspannt. Und daß unser Leben von Unruhe, von Ruhelosigkeit, Rastlosigkeit geprägt ist, braucht nicht ausführlicher beschrieben zu werden.

Darum ist der Begriff aus dem Hebräerbrief ein guter Begriff, uns die Zeit nach dem irdischen Leben vorzustellen. Zur Ruhe zu kommen, auszuruhen von diesem Leben, still zu werden, nichts mehr leisten zu müssen, entspannt zu sein - solche Gedanken lösen keinen Schrecken aus. »Ja, wer tot ist, ruht aus« assoziiert eine Teilnehmerin in der »Annäherung« an den Predigttext.

Nach der oftmals beschwerlichen Wanderung durch das Leben so zur Ruhe zu kommen, mein Leben aus der Hand zu geben, um es ganz in Gottes Hand zu legen, der keine Leistung mehr erwartet - solche Gedanken können entlastend sein. Können mich eventuell schon auf meinem irdischen Lebensweg dazu ermuntern, manches etwas gelassener und stiller anzugehen, wenn ich mich daran erinnern lasse, daß mein Leistungsdenken auf Erden, dem ich mich gelegentlich unterwerfe, von Gott völlig anders bewertet wird.

Solche Gedanken zu verbinden mit einem ewigen Dasein bei Gott - mir fällt das nicht schwer. Erinnert die »Ruhe Gottes« doch an Begriffe, wie »Geborgenheit«, »Obhut«. Trägt sie doch auch etwas von dem Gedanken an den »ewigen Frieden« in sich!

c) Die Einladung des Hebräerbriefes.

Wir machen es uns manchmal so schwer, von der Ewigkeit zu sprechen. Suchen nach Erklärungen, nach Beschreibungen, nach Begriffen für eine Zeit und einen Zustand, den wir weder erklären, noch beschreiben, noch begreifen können. Und begegnen nun diesem so schlichten Gedanken, daß die Verstorbenen bei Gott Ruhe finden.

Das aber gerade ist die Einladung des Verfassers des Hebräerbriefes: Sich eine solche Ruhe, Geborgenheit, Obhut bei Gott vorzustellen. Nicht mit Spekulationen, Verdrängung oder Angst und Panik zu reagieren, wenn die Gedanken sich mit dem Tod beschäftigen müssen, sondern die Einladung anzunehmen, an diese Ruhe Gottes zu glauben. Ist es nicht für unser gan-

zes Leben beruhigend, einen solchen Glauben in sich zu tragen? Und ist es nicht eine gute Möglichkeit, sich unsere verstorbenen Angehörigen in solcher Weise »ruhend« vorzustellen?
Der Hebräerbrief sagt »Ja« auf diese Frage, lädt uns ein zu solchem Glauben an eine Zeit ohne Schrecken nach dem irdischen Leben.

Möglicher Schluß
Es konnte gar nicht anders sein: Am Anfang der Predigt gingen unsere Gedanken zurück in die Vergangenheit. Gingen zurück in die Stunden der Beerdigung und des Abschiedes. Gingen zurück in die Stunden der Trauer, die manchmal Züge der Verzweiflung und der Ratlosigkeit in sich trägt. Riefen uns unsere Fragen und unsere Suche nach tröstenden Gedanken in Erinnerung.
Am Ende der Predigt sollen sie zugleich in die Zukunft gehen. In die Zukunft, die wir nicht kennen, die aber ein jeder und eine jede von uns vor sich hat: Die Zukunft, in der auch wir Abschied nehmen werden von dieser Welt.
Für beides, die schweren Gedanken an Vergangenes und die ungewissen Gedanken an Zukünftiges bekommen wir Worte aus der Bibel mit auf unseren Lebensweg, die uns alle miteinander verbinden, uns zum »Volk Gottes« machen, wie die Bibel sagt. Worte, die uns einladen, zu glauben. Zu glauben daran, daß alle, um die wir trauen, ihre ewige Ruhe, ihren Frieden in Gottes Obhut gefunden haben. Zu glauben daran, daß wir, die wir bereit sind, dieses Bekenntnis in unserem Leben festzuhalten, die ewige Ruhe, den Frieden in Gottes Obhut ebenfalls geschenkt bekommen.
Gewiß, manchmal ist es schwer, sehr schwer, solchen Glauben festzuhalten und gegen manche Zweifel nicht zu verlieren. Ich brauche das nicht zu vertiefen, ein jeder und eine jede von uns kennt solche Gedanken.
Doch wer ihn festhält und festhalten kann, wer solchen Glauben nicht abtut, sondern in seinem Leben für Vergangenes, für die Gegenwart und für Zukünftiges behält, wird von Gott niemals enttäuscht sein und vergessen werden. Wird Anteil haben an der Ruhe bei Gott.

Kontexte

Der Kranke »mag um Ruhe, Frieden und Würde flehen – man wird ihm Infusionen, Transfusionen … verordnen – was eben medizinisch notwendig erscheint. Vielleicht sehnt er sich nur danach, daß ein einziger Mensch einmal einen Augenblick bei ihm stillhällt, damit er ihm eine einzige Frage stellen kann …«.
(Elisabeth Kübler-Ross: Interviews mit Sterbenden. Gütersloher Verlagshaus, Gütersloh 1975, S. 14)

Die Autorinnen und Autoren

Pfarrer Ernst Arfken, Göttingen; Pfarrerin Gisela Arp-Kaschel, Esgrus; Pfarrer Heinz Behrends, Göttingen; Dekan i. R. Dr. Friedhelm Borggrefe, Ludwigshafen; Pfarrer Anselm Friederich, Heidelberg; Pfarrer Hermann Otto Geißler, Wiesbaden; Pfarrer Bernd Giehl, Wiesbaden; Pfarrer Peter Godzik, Schleswig; Pfarrer Dr. Jürgen Grimm, Dörrenbach; Pfarrer Helmut Gröpler, Neuruppin; Pfarrer Ralf Handelsmann, Kutenholz; Dekan i. R. Wolf-Dietrich Hardung, Tübingen; Pfarrerin Barbara Heller, Schauenburg-Martinhagen; Pfarrerin Heidi Kell, Tangstedt; Pfarrer Dirk Keller, Karlsruhe; Pfarrerin Ingrid Keßler-Woertel, Moormerland-Veenhusen; Pfarrerin Hanne Köhler, Offenbach/M.; Pfarrer Wolfhart Koeppen, Ortenburg; Prof. Dr. Dietrich Korsch, Passau; Pfarrer Helmut Marschall, Dorum; Pfarrer Hans Jürgen Milchner, Hunteburg; Dr. Peter Mommer, Bochum; Gemeindepädagoge Uwe Ranft, Bensheim; Ute Rolker, Göttingen; Propst Karl-Heinz Ronecker, Jerusalem; Pfarrer Wolfgang Roth, Klingenmünster; Pfarrer Ulf Schlüter, Dortmund; Pfarrer Arno Schmitt, Mannheim; Pfarrer Dieter Schupp, Kaiserslautern; Pfarrerin Gerlinde Wnuck-Schad, Weingarten